国家级特色专业汉语言文学建设丛书

与经典一起成长

Grow up with Good Books

张晓东　等　著

中国科学技术大学出版社

内 容 简 介

本书为阜阳师范学院文学院国家级特色专业“汉语言文学专业”建设项目的标志性成果之一。全书较为诗意地表达了作者对汉语言文学特色专业建设理路的理解。经典是人类民族文化、文明的集萃,“汉语言文学”中的“语言”“文学”这两个核心要素也常常在民族的经典中表现得最充分,以阅读、品味、体验、分析、研究经典作为培养学生人文素养的重要入口再自然不过。本书近百篇的散文体学术小品文便是作者顺着该理路实践出来的成果。借助经典的阅读、写作,可以立体地培养习作者读、写、思的综合能力,有助于学生的全面成长。

本书对转变教育思想、更新教育观念、创新人才培养模式、提高学生的实践能力和综合素质具有重要的示范意义,可供相关从业者及研究人员参考使用。

图书在版编目(CIP)数据

与经典一起成长/张晓东等著.—合肥:中国科学技术大学出版社,2016.3(2016.10重印)
ISBN 978-7-312-03939-3

Ⅰ.与… Ⅱ.张… Ⅲ.汉语—语言学—文集 Ⅳ.H1-53

中国版本图书馆CIP数据核字(2016)第052604号

出版 中国科学技术大学出版社
安徽省合肥市金寨路96号,230026
http://press.ustc.edu.cn
印刷 安徽国文彩印有限公司
经销 全国新华书店
开本 787 mm×1092 mm 1/16
印张 9
字数 181千
版次 2016年3月第1版
印次 2016年10月第2次印刷
定价 30.00元

前　言

此书为师生共著的学术短论集，所论内容为中外艺术、文学经典的阐释及研究。

2010年，我任职的阜阳师范学院文学院获得了一个国家级的项目“汉语言文学‘国家级特色专业’建设”(TS12152)。我依托自己所在的现当代文学研究所提出了一个子项目“文学课堂的拓展：经典的光辉与学生的成长”参与其间。经典是人类民族文化、文明的集萃，汉语言文学专业作为人文教育的重镇之一，“语言”“文学”这两个核心要素的精华也常常在一个民族的经典中表现得最充分。以经典的阅读、写作、思考为中心来设计专业特色建设是再自然不过的题中之意之一。在今天高等教育面临全面改革的大背景下，虽说专业转型几乎是必由之路，但专业转型又绝不能只是应时应景，糊成一个花架子——任何一个学科的成长都是需要时间涵养的。那么另一个方向的努力就可能仍有可为之处：认真挖掘老学科、老专业的内涵和潜能，使它真正重生。我想，这也正是当初我们文学院选择“汉语言文学‘国家级特色专业’建设”课题并能成功获批的缘由之一。回望改革开放以来的中国教育改革，固然有逐步从意识形态禁锢下解放出来的欣喜，但也有因过于追求急功近利反与目标渐离渐远的遗憾。

具体地说，汉语言文学专业在今天有它的两面性，既底蕴深厚，也难免滞重僵化、缺乏新鲜活力。但是否就到了“不突围就等死”的时刻？从面对问题的心态上来说，盲目乐观与盲目悲观都是不可取的。深层次地看，专业取舍也是教育方向的取舍。高等教育不能完全为短视的实际功利取舍所左右。从专业角度看，“汉”“语言”“文学”这三个词，哪一个不是分量沉甸甸的？对这样一个蕴有民族之根、之本的专业，如果都没有坚定和自信，那我真不知还能说什么。真需要讨论的问题是如何把它建设得更好，我想这才应该是"'国家级特色专业'建设"的真正用心所在。

我对"文学课堂的拓展"的理解具体而微观。所谓课堂的拓展，并非赶时髦的表面形式上的"走出围墙"，而是真正地潜入课程深处，做切实有效的课程教与学的探究。首先是教学形态的改变。现当代文学研究所的一个基本举措是，我们根据教育部教学大纲指导意见，恢复了中断多年的"中国现当代文学作品(经典)选读"课程(在实际的教学实践中，所讲读的经典文本又不仅仅局限于"中国现当代"，而是注意中西横向、纵向比较，这从课堂实际解读的文本即可看出)。其次在教学方法上，也改变了教师"满堂灌"的教条方式，以学生为主，让学生先读、先查、先写、先讲，然后师生共同研讨。更本质的是对课程理念的具体读解和实施。"经典的光辉"与"学生的成长"是怎样的关系？如何才能看到它的成效？这是必须回答的问题。

汉语言文学专业的内涵粗线条地分为两块：语言和文学。文学首先就是语言的艺术。而在它的外围，还有一句流行语可能更重要："文史哲不分家。"所以，任何一所高校的汉语言文学专业不会只开两门课：语言和文学。但"牛鼻子"还得是"汉语言文学"。一言以蔽之，立足汉语言，心怀文史哲。融会贯通才能真正培养学生的人文素养。而如上面简要分析所言，经典阅读则是个必然而重要的入口。

怎样读？要读、思、写三位一体。读而不思则惘，思而不写则殆。思，是线，可以把零散的读的感受串联起来；写，则是进一步地加工、固化，使之更有条理、更清晰。不仅好记性不如烂笔头，好灵感、好思绪如不写下来，也会消失无踪。写还可以积少成多，慢慢成篇成部，慢慢形成自己的园地，慢慢锻造自己的风格。所以，没有写，读、思的成果就无法真正保证。

从更深的内涵说，在读、写中，思更是核心。经典阅读，从阐释理解面上论，没有思想的凝结，只能停留于印象式感受，就不可能对经典有深入的参透。在具体面对“思”的问题上，我认为在方法论上我们一直没有很好地解决，我们太注意思想（内容），却有意无意地忽略了在“思”之前，对“思之路径”的关注。在对思想的追求中，要想有思想，得先学会思想，要有好的思想范式。所以读经典，不仅仅是读文本，还要读理论，读生活，读生命。人文教育当然要塑造灵魂，塑造灵魂，塑形其思想是根本所在。可是，我们的思想教育太教条、僵化、概念、抽象，总之缺乏新鲜的生命活力。这也是我们耳熟能详的一句：说得多了，人们也对其熟视无睹了。没有“生命”，哪来活力？要让写下的句子充满生命意识，才是人文教育应该追求的思之状态。尼采说：“要知道你需要什么吗？问你的欲望好了。”真实鲜活的思想从来都不该排斥欲望。要从经典的感性世界里蒸馏出充满质感的思想。经典又是真，是善，也是美。文学首先是语言的艺术，对于一个汉语言文学专业的学子来说，写好句子恐怕是最基本的童子功；真正好的艺术欣赏评论文章也应该是美文。

所以，基于以上认识，经典阅读就不仅仅是对经典文本的单纯阅读，可以说是一个综合性的工程。围绕着经典阅读，要培养学子的感受、理解、分析、书写，特别是思考的能力。那回到课题上说，作为特色专业建设一翼的“重读经典”，收录在这本集子里的文章被编为“理念”“争鸣”两个不同板块就是为了体现“与经典一起成长”的理念。由这个理念可以看见我们对“特色专业建设”内涵的具体理解。注目对一般艺术理念的具体阐发以及对经典的个人化阐释，这当然突出的是“汉语言文学”该有的“专业特色”，其中绝大多数就是来自于“中国现当代文学作品选读”课堂上师生间的互动成果。

过去我们文学教学的进度设计里也有让学生在学期中期做一篇小论文的要求，但其不足是很明显的，一是少，二是泛，缺乏强度和针对性，效果恐怕就较微弱。我们现在所做的显然有利于改善这两方面的状况，学生不仅读，而且写，且是较为大量地写，这是仅仅泛泛而读不能望其项背的。亲身实际地“写”看起来再普通不过，没有炫人眼目处，但“写”的过程中对学生的综合性训练非那些花架子的创意所能比拟，至少在文学教学上是卓有成效的吧。

在经典阅读中我们还提倡真实问题的争鸣。关于问题争鸣，我有几个认知：

其一,问题争鸣是很好的思维训练,所以,我主张汉语言文学专业的教育不可拘泥在僵死的学科边界以里,而要兴趣广泛,文史哲打通,而且,学生学习要有现实感,不能仅仅纸上谈兵坐而论道,贯彻这个理念便要求学生对现实问题进行思辨;其二,争鸣问题,问题是否真实是基本,要避免以"伪问题"阻断、回避对"真问题"的争鸣;其三,我一向对把思想看作完全理性的想法不以为然,鲜活真实的思想是、而且一定是带有感情、体温的;其四,我对思想争鸣的一个期待是,要以现代理性为前提,心平气和地说话。不管什么观点,发言者都该阐明:此话怎讲?何以见得?带着狭隘的道德情感、动不动给他者贴标签的做法是我极其厌恶的。人文学科的教学永不可放弃思想的启蒙、思维的训练。

所谓教学改革,所谓"国家级特色专业建设",顶层设计当然要有宏观视野、清晰理念的引领,但落实到微观,总离不开"如何教""如何学"两个环节。从以上所叙这册小著的诞生过程,可以看出我与同仁在其中的努力,得与失的总结当然不会止步于这册小著,我们仍将尽力拓展新路。

张晓东

2015年10月

目　录

第一部分　理　念

第二部分　争　鸣

第一部分

理念

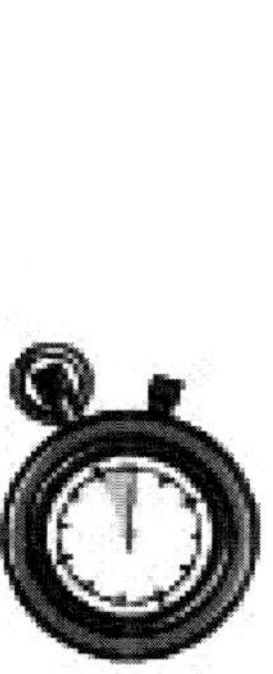

文学的德性
——关于米兰·昆德拉《被背叛的遗嘱》

张晓东

中国当代女作家张洁在出访美国时，于一文学研讨会上结识了美国"垮掉派"大诗人，就是那位写出《嚎叫》的金斯堡。张洁语金斯堡云，你该好好写作，不该放纵身体去吸毒。金斯堡呢，只是报以微笑，没有发声。

怎么理解金斯堡的微笑呢？我想是有着诚挚的感谢的！可是还有隔膜吧！如细细一想，味道挺复杂。从文学上说，张洁与金斯堡还真不是来自同一星球。与西方作家相比，中国作家更习惯从生活中提炼观念，特别是关于修身的道德律；而西方人则倾向听从自己生命的呼唤。我们常常是西装革履地"端着"，人家则是一身牛仔地洒脱自然。

又记起一则轶事，当年冰心在一封给梁实秋的私人书信中说到了徐志摩，她表达了自己的困惑，说，徐志摩是有天才的，不明白他为何不把天才更多地用在作诗上，而要用在追女人上。"你瞧他那个劲！"冰心如此立论，难怪她的晚辈张爱玲不喜欢，直说"冰心的温婉之中多少有些做作"。难道道理不是简单地就如和尚头上的虱子——明摆着么？徐志摩不爱、不追女人，他那些好诗从哪来呢？

文学有自己的德性。它比生活纯真。文学不只是摹写生活，更是在深味生命的底色：生命里面的激情、愿望、想象、寻求，也即关于生命的一切思想。审视既有的，创造新鲜的。就某种话语圈——比如艺术而言，我觉得有两种人、两种理念、两种心灵一直在对峙着：道学家与小说家。我尊敬那些诚恳追寻人类命运并试图为人类命运寻找出口的道学家们，比如尼采、叔本华、马克思等等，当然，这样的名字还可以开出一长串。然而，我对道学家中的一个特异"品种"——道德家，却始终不能心生敬意。很多时刻，他们是鹦鹉学舌者、道貌岸然者、胆怯不敢直视生命的诡辩者，而最最让我不能忍受的是他们常扮演着口是心非的伪君子角色。然而，即使是伟大的道学家，把他们放在伟大的小说家面前，我还是更尊敬后者。就像伟大的道学家马克思评论伟大的小说家巴尔扎克那样地喜欢和尊敬。为什么？当然是因为他们在思索人类存在时所表现出来的我力所不及的智慧。

我读到的小说论，昆德拉的让我最为倾心。他的《小说的艺术》特别是《被背叛的遗嘱》是最富有智慧与激情的疏述。他雄辩地回答了文学的德性问题。他说，小说的精神就是"复杂的精神"；小说并不是为了证明它身外的任何理念而存在，不管这理念被鼓噪者鼓噪得如何玄妙;小说只为自己的使命存在,小说的使命就是对存在的勘探。文学要你投入全身心去深味生命自身的存在,而不是坐而论道。我特别欣赏小说家昆德拉的“小说家不是一种职业,而是一种生活方式”的说法,就像苏格拉底时代说哲学家不是一门职业而是一种生活方式一样。以小说的方式存在,才是真正的小说家的生活。昆德拉放眼现在、未来,呼吁小说家们回应“时间、思想、游戏”的召唤。昆德拉疾言厉色地斥责“媚俗”,反对在艺术神圣的殿堂之上搞庸俗的道德审判,他说道德审判应该被“悬置”或“无限地向后推延”。“谁不懂得开心,谁就永远不懂得艺术。”对于中国文学来说,这是最对症的一味丸药。

现代性的体验

——读马歇尔·伯曼《一切坚固的东西都烟消云散了》

张晓东

美国马歇尔·伯曼所著的关于“现代性”研究的书《一切坚固的东西都烟消云散了》一直摆在我书柜的上层。当初买它我心里就清楚,也许这是一本我不会打开的书,但买它,不是要藏它;当时我买的是一种状态,一种生命的感觉。伯曼的书名直接击中了我,看到这一行字,我当时有一种晕眩之感。我立在这本书面前,外表木雕泥塑,内心却波澜迭起。

伯曼的这一句抒情感叹说出了现代世界“现代性”的本质:现代的世界是一个破碎的世界,一切都不再坚固,一切都将碎片化,一切终会烟消云散。连着伯曼的,还有我无言的忧伤。

我沉醉在自己的忧伤里,它已经含融一切。无需再打开书看伯曼慢条斯理地陈述,我相信,伯曼越是沉静、越是理性,他内心的忧伤就越深。

马克思写《共产党宣言》时,说有一个幽灵正在欧洲的上空盘旋。今天,另一个幽灵盘旋在整个世界的上空,这就是虚无。我一向都不喜欢在“虚无”两个字后加上“主义”。虚无不是圣贤头脑风暴中的产物,它和哲人创造的诸如“理念”这样的概念不同,虚无就是我们对自己生命世界的彻悟,来自于我们灵性的直觉体验,根本无需学者们研究,然后郑重其事地来告知我们。人类很脆弱渺小的时候对虚无的意识也许是薄弱的,那时的人需要拼尽全力和自然对抗,才能赢得生存的空间,这样的境况使人内心不得不充满了坚定、悲壮、激情、勇气、向往,唯独可能没有虚无。而在人类慢慢强大起来后,拥有的东西越来越多,拥有的能力越来越大,人反而清醒地意识到了自己存在的命运竟然就是虚无。这就是存在的辩证法。人类在开辟无穷的疆土过程中,终于慢慢地和虚无面对。越虚空就越虚无，即便人不把自己和他所在的星球毁掉，即便人真正成为这个星球的主人。然后呢？他离开地球奔向星际空间。再后来呢？为了奔向而奔向，无论我们的身体能触及多么无穷远的地方，总会有对无穷远外的虚空的恐惧。老问题就会一次次在一代代人的心头回响：我是谁？从哪里来？到哪里去？

对于一个生命个体来说，孕育虚无感诞生的触媒更可以说无处不在，无论是现象的，还是本体的，虚无就弥散在我们的世界里。“我”太渺小了，更遑论在宇宙的面前了。人生短暂，时空永恒，无需其他，单是这不成比例的对比就让我们俯首称臣了。

问题来了：人如何在虚无的世界中存在？最自然的回答即是：顺其自然。不然还能如何？但是，正是在“顺其自然”上我们要做出“人义”的回答。顺其自然，并不完全是听之任之。“顺其”是凭着勇气来面对、认知，然后承担不得不承担的命运，但绝不是低眉顺眼。我们知道我们的存在终将遁入虚无，我们终将失败，可是，人还是要反抗不可反抗的命运。这也不是要用反抗来向谁证明什么，就是我们生命中的反抗在要求反抗。

在虚无来吞噬我之前，我将坚定表达我对存在的执着。我将铭记我曾经历的美好。我会一直用我悲喜交集的双眼注视我眼前那些曾坚固的东西慢慢烟消云散，包括我自己。我是多么渴望有来生，来让我不愿结束的美好能再继续。可是，我知道……现在，泪水正模糊了我的双眼……

情色与艺术
——关于巴塔耶《色情史》

张晓东

说“情色”不言“色情”，因两者间确有区别，主要还是忌讳他人内心里面的惯性。这样也便于心平气和地说话。

一个无味无色无动无静的世界不是一个好世界。岂止！连正常都说不上。色，好东西；情，好东西。可是合在一起在许多人心里怎么就变味了？这里面当然有着有趣的逻辑。这逻辑可以用明朝张岱的话来作注脚，他说这世上两种人最无聊：无趣之人与伪君子。前者无人之性情；后者变态了人的性情。

在现实的生活里，我对人们心中色情所指的具体情形采取批判的立场并无异议。道德在某种程度上可以成为社会调节的制衡器之一。但是我厌恶他人“认真、诚恳”地皮里阳秋着。说到人类的艺术生活，我的判断很简单：没有情色，就没有艺术。艺术当然源于生活。生活里热着的、烫着的是你我的生命。问问自己：让我们生命热着的烫着的又是什么？拜伦说：哪一个诗人的灵感不是来自于他心中的女神。朱光潜则说：艺术创作同于孔雀开屏。这些话不是他们殚思竭虑得来，只是他们“发现”了自己心中真实的体验而已。而体验正是艺术得以展开的原动力。

在中国，很多事情从来都不是智力问题，而是心灵问题。一个最常见的表现即是我们好像不能、实际是不愿心平气和地说话，不是义正词严，就是狐假虎威，那一个道貌岸然真是一个“装”相威严。张爱玲说中国人就喜欢关起门来做自己的微型慈禧太后，手法则是鲁迅说的闭着眼睛“瞒和骗”。这二位实在是中国的解人。王小波也曾感叹：我们的脸皮真够厚的，在别人已经创造了无数美的世界上，如果我们还不能分清美丑，也不该腆着脸皮装纯真吧。王小波说所以从“沉默的大多数”中站出来说话，就是要坚决反对无趣和愚蠢。而我要说的是，无趣与愚蠢是一对孪生子，它们的生父是虚伪。

本文要谈的是情色与艺术，这两件事情距离我们的生命最近，一个人的生命观会根本性地影响其艺术观，所以谈心灵问题不算跑题。不过还是让我们回到巴塔耶这里吧。我要介绍他的《色情史》给大家。他的观点当然是重要的，可在我看来比他观念更好的是他的说话状态。摘录书中的一些话语作为结束吧。

“倘若涉及色情生活，我们当中的许多人满足于最普遍的观念。他的肮脏表象是一个鲜有人不落入其中的陷阱。这种表象成为心安理得地蔑视色情生活的一个理由。或者他们否定这个可恶的表象，从蔑视转为庸俗：他们宣称，本性中没有任何肮脏的东西。我们千方百计地以空虚的思想来取代天穹的顶点似乎向我们开启的那些时刻。”

“人的思考不能不加区别地脱离与其密切相关的对象，我们需要一种在厌恶面前不会瓦解的思想，需要一种在将可能性的探索进行到底的时刻不回避自身的自我意识。”

“我”写作此书，“我的意图不限于消弭人们回避他们内在的真实且逃避这一事实带来的耻辱。这里要杜绝一些看待问题的方式，它们造就了奴性的形式”。

“我”想“我对人类的全体——具体的真实的整体——进行质疑的决心，在我踏入受诅咒的领域那一刻令人惊异”。然而，这是不得不的。因为“一向在恐惧面前准备后退的人能够解决现今时代给他们提出的问题吗？尤其是这受诅咒的时代？”

情色深植于我们的生命之中，你能想象没有情色的艺术么？当然，情色自身还不是艺术。接着要问的是：我们如何把情色转化为真正抱慰我们生命的艺术？

小说家的小说学
——致中国当代作家

张晓东

读莫言，不由地想着当代小说。小说家不一定非得发布他的“小说学”，但一个优秀或伟大的作家一定“有”。莫言虽没有像昆德拉那样系统地发表过自己的小说学，但从诺贝尔文学奖致答词以及上海文艺出版社《茅盾文学奖系列·莫言卷》上的代序《捍卫长篇小说的尊严》中，还是可以读出他的小说学的。当然，作为一个“讲故事的人”，莫言的小说学更多地在他的小说里。

一个好的小说家一定得有自己的哲学，要有属于自己、完整地看待世界的立场。文学是人学，如何认知人，对于小说家来说是重中之重。当年高尔基在给青年作家讲课时说：“人并不纯粹，既不是黑色的，也不是白色的，他是杂色的。在人的身上，既有好的东西，也有坏的东西。作为一个作家，你们要时时记住这一点。”莫言倒像是高尔基的中国传人，他小说中的“人，既是英雄好汉，又是王八蛋”。中国文学中的人物常过于纯粹，莫言则模糊了好坏间的界限，他的小说世界是一个混沌的世界。混沌，不是朦胧，更不是模糊。这世界本就是混沌的，莫言只不过还其原色。昆德拉曾感慨地说：“人希望有一个世界，其中的善与恶泾渭分明。”然而，“它们不能与小说调和”。“小说的精神是复杂的精神。”而太多的人们从来没有体会过一个相对性的世界，他们喜欢绝对，因为它方便、简洁，可以给懒人、庸人们提供一个不费心思就可面对世界的柔软靠垫。因为不依赖一个“最高法官”就“无力直面一切”，“小说的智慧（无把握的智慧）难以被接受和理解”。在中国，昆德拉所说的此种情形比西方更甚。莫言一类人的孤独可想而知。

讲故事最要讲的并不是故事中的道理，而是故事行进中时间、空间里的人性成长。有的人看见的永远是结果，而真懂得艺术与人生的人看见的则是过程。莫言的小说就是把存在的过程像展开一幅画轴一样缓缓展开，他让你先去看、感受，然后再去思考这个世界。读莫言的作品，脑袋里不大会出现精致的概念，而只觉得汪洋恣肆、美丑交融的生活生命世界扑面而来。他充满肉感的文字把你引进亦幻亦真、有形有质有色有香的世界时，恍惚间你也许真会有庄生梦蝶之感：是莫言的小说唤醒了我们对生命世界丰富而难言的记忆，还是我们丰富难言的生命记忆让我们趋向认同莫言？莫言的小说从《透明的红萝卜》始就专注于内心体验的“过程性”“弥散性”，可以说莫言的小说是和他的人物同步诞生的。比如，《檀香刑》中县令钱丁，开始一心想做为民请命的好官，德国人滥杀无辜，拳民孙丙造反，朝廷下令捉拿，钱丁出于正义，也因自爱孙丙之女孙眉娘，满怀激情夜奔莱州府陈情请愿。可是，经历了严寒、荒野、野狼、伤痛的折腾，“知县心中的激情，渐渐地消退，身体上的热度，也慢慢地降低”。后来的钱丁终究没有成为一个为民请命的好官，只是那个制度下不好也不坏、很难说好坏的千百个官员中的一个。莫言写人，从不硬性拔高或贬低，他是把人放在“场”里如工笔画一般地精雕细刻。作为“讲故事的人”，他讲得细腻、具体、深入，此时、此地、此身、此意，宏观写意，微观工笔，有纵深、有前景，神形兼备，纹理清晰。还要画蛇添足地判断吗？

期待“及物”的文学研究与批评

张晓东

很多人的文学研究与批评总多瞩目宏大的外部历史对文学的渗透影响，注重阐发其社会、历史、文化、道德、理性意义的一面，文学的本体研究被忽略较多，导致许多重要的文学问题实际被悬置。而即便在注重文学本体的研究中，太多的阐说却又往往漠视我们的感性与身体。这或许就是作家与批评家成为“死敌”的症结之一。当年面对左派的“没有思想与灵魂”的批评，沈从文就曾傲然地说：“你们所说的‘思想与灵魂’是什么意思我不明白，我也不想明白。”面对着别人的先有理念后有生活，沈从文坚定地表达了自己的桀骜不驯。无独有偶，胡兰成在谈论张爱玲的文字里也曾说出一个精彩的认知：“她这样破坏佳话，所以写得好小说。”虽只一句，已足可看作一篇精彩的张爱玲论。胡兰成不愧张爱玲的解人也。另在别处，胡兰成又有一段自我反省，简直可以看作对某一类文学批评风格的隐喻：“我小时看花是花，看水是水，见了檐头的月亮有思无念，人与物皆清洁到情意亦即是理性。大起来受西洋精神对中国文明的冲击，因我坚起心思，想要学好向上，听信理论，且造作感情以求与之相合，反为弄得一身病。”

许多人的文学批评不就是这样的“一身病”？面对着描述生气淋漓的感性生命世界的艺术文本，不用自己同样活色生香的生命去面对，而非得用矫揉造作的教条去抽象，比如柯灵在《遥寄张爱玲》中说：“中国新文学运动从来就和政治浪潮配合在一起，因果难分。五四时代的文学革命——反帝反封建；三十年代的革命文学——阶级斗争；抗战时期——同仇敌忾，抗日救亡，理所当然是主流”；“偌大的文坛，哪个阶段都安放不下一个张爱玲”，上海沦陷，“新文学传统一刀切断了”，“这就给张爱玲提供了大显身手的舞台”。这样的论断实在是气魄宏大，端的是高屋建瓴，可是，也真的让人困惑，当年自身也不过是偏于一隅的一介书生，如此指点江山，激扬文字，论者真的有心吞八荒的胸襟，囊括宇宙的视野？三十年代只有阶级斗争？那么沈从文这样的怎么还能成为京派文人的领袖？抗战时期钱钟书的《围城》又作何论？巴金的《寒夜》又何以自处？上海沦陷，就会导致"传统一刀切断"？只要一读张爱玲的文本谁不体会到其中的传统气韵生动？文学批评可不是自炫才学。

可以看看林语堂的"苏东坡论"，那才真是别具一格。林氏在他的《苏东坡传》中称苏东坡为千百年来中国人中的"第一人"，而其立论的根基不同流俗，不仅说到作为诗人、政治家、书法家、散文家的苏轼，更说到他是一个美食家、一个伟大的情人、一个寄情山水的漫游者等等。而所有的这一切之所以如此光辉灿烂，乃是因为苏轼是一个"独立无惧，群居不依（苏轼语）"的大大的人。林语堂论苏轼的特点，一是他的"全视野"，一是他的"及物性"。特别是第二点，尤为值得我们关注。坏的文学创作与批评，常常表现出的就是它的"不及物性"——总是在抽象的、玄妙的精神领地高蹈，漠视人的自然、素朴的实在。当年胡塞尔提出"回到事情本身"，也是劝告哲学家不要总是带着先入之见来经验存在。文学理论家、批评家们早就该从这样的话语中得到启示了。

让思想贴近地面飞行
——思想的路径与载体

张晓东

我要谈的不是书斋里的抽象命题，恰恰相反，这正是我要避免的。先说缘起。这学期我给学生开"现当代文学作品选读"课，授课方式是我选定或学生自选作品，他们先说，然后我点评。学生说完自己对作品的理解后，往往有一个自选动作，围绕作品设计或多或少或大或小的问题，然后议论。比如昨晚一女孩谈的是根据非同名小说改编的电视连续剧《来不及说我爱你》，说得情、境皆出，可是当听众正沉浸在忧伤默思的氛围中时，她声情并茂地提出三大问题：如果你是男主人公，江山与美人你会如何取舍？如果你是女主人公，你会选择轰轰烈烈还是宁静素朴的生活？不管你是男或女，你认为爱与占有有何区别？

作为一个从教多年的教书匠，对如此提问颇不以为然，但对学生我有应有的耐心。先讲认知。哲人说："我思故我在。"思想可说是人的最基本最本质特征。一个不思想的人简直可视若非人。而在人文领域，思想的第一要素是要思考真实的问题；第二要突破语言的魔障；第三要有清晰的路径与载体。若以上三种模糊不清，我们就会与伪问题遭遇。伪问题也有各种形态，最常见的或极端抽象，或不讲常识，或违背逻辑。

再说感受。学生的三个问题，第一个对于提问者来说简直近于伪问题，人在江湖，心往天阙，这般的雄心壮志当然可以有，况且史上有项羽"彼可取而代之"的榜样，可是江山、美人之事还是等到面临真实的选择时再对自己发问吧。芸芸众生有几个会真的面对？第二个问题听起来朴素实在，但仍然有纸上谈兵之嫌。生活固然可以设计，但你真实的人生一定是由主客观复杂的语境最终生成，绝不会是你的单边选择。沉醉于自我预设，表现出的是对存在的隔膜。第三个问题则又近似语言的魔术，诚如当年鲁迅所言，中国太多了"文字游戏党"。以我们对人性的认知、深度的身体与心灵体验为背景，恐怕只有我单纯的学生才会如此提问吧。总括说起来，学生的提问所暴露出来的核心问题是思想的路径不清，载体不明，抽象（看起来好像很具体），忽略常识（满足于其实常很虚无的词语辨识，比如"爱与占有"，不去深味人性的复杂与深邃），缺乏扎实的逻辑根基（往往不给出扎实的逻辑前提就展开议论，滔滔不绝却让人无所适从），俱在其中。而思想的载体——身体——近乎付之阙如，此点在中国却更常为人们所忽略。综上所述，仅有纸上的理解是不够的；仅有大脑的求索是不够的。从基本面上说，当人沉浸于自我道路的寻求时，是人的身体这个最重要的思想载体在思考。还有一个要点尤其该明白，关于人的生命世界的理解，一定不要忽略它的随机性，人不是活在概念中，更多时是在"此时此刻此身此意"的状态里。正是它的存在，为歌德的"理论是灰色的，生命之树常青"做了最好的注脚。

此篇短文真正的诉求并不是评述我学生的思想状况，而是拟请人们思考：我们到底该如何才能使我们的思想触及真实而生动的问题。而思想唯有具备了真正的问题意识才会有价值。所以如此提倡，当然是基于现实的观察，我们太多时是在用伪问题来或回避或束缚或摧残我们自己。

诗性地栖居
——海德格尔的"思"

毕新伟

随着技术日新月异的发展，物品的人工痕迹越来越多，要想寻找一种自然生成的东西也越来越困难。道路是规划好的，路边的花草和树木是种植成形的，花园、公园、广场这些开阔的地方，人工雕饰的痕迹遮蔽了天然生成的模样。徜徉在这种人工化的环境中，究竟是人与自然在交流，还是人与自己的制造物在交流？人与自然的亲密无间、物我两忘的审美境界所通达的诗性生活又该如何来开启？

现代人的这种生存困境，海德格尔曾经不停地追问和思考。在认识论上，他认为当科技理性促成的改造自然的世界观取代宗教人神合一的世界观之后，在人与自然的关系上就变成了对立、改造的关系，进而人自身也被纳入到技术的范畴中被管理、被设计，被规划成标准的存在者。世界和人都成为被规划的对象,诗性和神性的东西渐渐地远离了人的生活世界。

技术可以创造新的世界,可以通过对物质的充分利用,为人提供世俗生活的种种便利,但是技术无法解决人生意义的问题,人不能仅仅为了享受技术的成果而生存,技术化、物质化的人生会遮蔽对精神性、灵性生活的寻求,会形成人生物化的偏至。物质是冷冰冰的东西,没有情感也不能产生温暖,但人与生俱来是有情感的动物,需要情感的交流,人与人之间如此,人与物之间也如此。所谓"以我观物、物我两忘"就是人与自然在进行和谐的对话。

只有精神的敞开才能达到存在的澄明状态,那么对于物质来说就不能去依赖,不能被其所束缚,要超越于物质生活之上。面对花花绿绿的物质化世界,要想超越并使存在获得澄明,海德格尔认为最好的方法就是进入"思"的状态。在思的状态中,生命的意义、存在的意义通过所思的对象而被开启,通过"思"达到对生命的了悟。其实,能够引发人去"思"的对象是无所不在的。在自然界中,各种物体和现象都能促使人去思考生命的意义;就是在人工制造的物体和世界中,人也能通过它们思索人之为人的意义与价值。通过对象去思考自我的生命,通过对象的生命特征反观自我的生命流程,探寻存在的意义与价值,这种境界,海德格尔认为是存在者"诗性地栖居"状态。所谓天地有大美而不言,只有人主动去探寻和领悟,把天地之美与人的生命之美结合起来,让生命放射出诗性的光辉。

海德格尔非常喜欢荷尔德林的一句诗——"栖居在此一大地上的人,充满劳绩,然而却诗性地栖居。"这句话的意思是,置身于大地上劳作的人,能够通过自己的生命行为去思考,发现诗性的东西,在诗性中安置自己的存在位置。"诗性地栖居"如果作通俗的解释,大致就是把物质生活和精神生活做到恰当的结合,从日常生活发现诗性,如果还能从中发现神性,则进一步就会学会感恩,感谢大地对生命的赐予。

多年前,有个朋友曾说过,在城市里的大树上,已经很难见到鸟巢了,确实是这样的,想起这样的事情自然也会有很多感慨,在实际行为中让飞鸟重新回来筑居,那是需要一个较长的努力才能有起色的。尽管生活中看到的鸟巢越来越少,但是人只要葆有诗性,在内在的精神空间里,是可以为那些因在远空翱翔而疲倦的飞鸟筑居的。有时候,我们也许会感觉到,尽管身的世界很小,但心的世界却很大。

《白鹿原》的文化方案

毕新伟

20世纪90年代,国家经济形态全面转型以后,物质生活质量普遍得到提升,小康社会可以说指日可待。然而,替换了政治文化伦理的经济文化伦理,对日常生活也造成了不小的冲击,义利观念出现了倾斜,中国传统的重义轻利观在经济大潮的冲击下开始了逆向的颠倒。以利益为准则的伦理观在带来巨大效益的同时,也重组了人与人之间的基本关系,亲情、友情、爱情以及最朴素的人道主义同情都因此而发生了惊人的变化,人与人之间趋于功利、势利而变得冷漠,人伦关系往冰点处下跌。

面对这样一幅有些混乱的文化图景,20世纪90年代以来的作家做出了可贵的思考。比如陈忠实推出的《白鹿原》,就提出了一个文化上的改进方案。陈忠实通过叙述白鹿原上白姓和鹿姓几十年的生活历程,把传统的伦理道德巧妙地编织了进去,并正面去表现。白嘉轩身为一族之长,最大的心愿就是在姐夫朱先生的指导下建祠堂、定乡约,把仁义白鹿村的嘉言懿行发扬光大,把农耕时代"耕读传家"的生活方式维持下去。

这当然不是陈忠实异想天开的事情,传统社会的文化伦理其实并不全是"封建糟粕",把"礼教"整体上看作是"吃人"的伦理制度是以偏概全的论断。礼教的核心是仁义和修身,由此派生出一套能够与之相调适的伦理道德规范。如果我们对其进行分解的话,可以得出两个层面的内容:一是与专制王权制度相匹配的教条性规范,如等级制、不平等的两性关系、无自主权的婚姻等确实是糟粕,需要予以抵制;二是超越具体时代,培养人性向善的规范,如自我修身、仁义教导、合理的孝悌观念等都闪烁着人性的光辉,是可以继承并发展的。不消说,白嘉轩身上体现出的主要是向善的一面,重义轻利、人格高大,他也因此赢得了白鹿村村民的敬佩,雄心勃勃地要恢复已遭时代破坏的传统伦理文化。但是,白嘉轩并不明白他的努力是只合了传统的理,而不尽合现代的理,他的全盘性的文化修复显然有悖于现代的伦理道德。

现代社会的文化伦理是以民主、自由、平等为内核的人与人之间的对等关系,强调的是在不危害别人利益前提下的个性发展和对个人幸福的尊重,这与传统的家族伦理压抑人的个性发展是针锋相对的。再者,现代的两性关系追求的是平等,也与传统男尊女卑的两性关系相对抗。白嘉轩对田小娥的敌视与压制其实就是传统不平等两性观的具体表现,扼制了田小娥追求个人幸福的权利,尽管田小娥的反抗方式并不恰当。

从伦理的层面来说,《白鹿原》的悲剧是文化伦理的悲剧,白嘉轩的历史问题也是陈忠实的现实问题,在高速发展的现代社会,把传统文化伦理一股脑地拿来显然是不合时宜的事情。但并不是说陈忠实不该做这样的事情,而是说应该有鉴别、有选择地去吸收传统的伦理文化,去芜取菁,把那些导人向善的内容提取出来,编织进现代的文化伦理之中,来救助因过多纠缠于金钱、欲望而破坏正常人际关系的不良行为,使得文化伦理更多地闪现出人性的关怀,创造现代社会和谐的伦理关系。

内心的法则
——尼采与现代

毕新伟

在科技文明日益发达的时代,人的生活世界越来越被各种各样的物质所填充、所挤压,物质生活因而愈来愈在人的日常生活中占据更多的位置。现代人越来越成为"单向度的人",人们的生活好像只有"现在进行时",为层层、种种的世俗欲望所驱使,不再回忆,也不再憧憬。人沉湎于物质世界的时候,耽于欲望追逐享乐的时候,精神方面的生活便被遮蔽了。

人如何去认识自己?人在世界上的生存,本来是有两种生活且互为映衬、扶持的,这就是形而上的精神生活和形而下的物质生活,两者不可偏废。在这个物质化的时代里,潜藏着的危险就是精神生活的萎缩,而精神生活一旦萎缩,失去支撑,就会跌入虚无主义的颓废境地,去追求及时行乐的物质性刺激。

形而上追求的缺失是人生的另一种贫困,找不到意义的生活即使再富足也是虚空的。对精神的追问就是对自我存在意义的追问,这种思考可以使自我获得对生命的确定性认识。即人生的价值何在、目标何在,什么样的生活是健全的、充实的。

我们过去把有价值目标的人生追求称作理想,意思是对一种理性的有意义的未来之境的主动追求。这说明人在内心里有明确的支柱,支撑着自我前行。那么,这个支柱也就是理想凭什么可以屹立不倒,作为一个目标在前方不停地召唤自我呢?

简单说就是凭借个人的意志。这里说的不是指叔本华导向人生悲苦的意志,而是尼采在宣布"上帝死了"之后,为了确立人的主体性而提出的强力意志。尼采的强力意志是怎么提出的呢?他认为在现代人形而上的精神世界里,上帝失去了神性的权威,也就是失去指导存在者"灵"的生活的作用力,这种"最高价值"没有了约束力,造成了存在的虚无。为了反抗这种虚无的状态,就要在重估价值的基础上重新为人来设定价值,给定方向。他因而特别提出存在者在生存经验上激发的强力意志,为自我确立原则。能够激发强力意志的人,尼采称之为"超人",当然这里的超人不是指狂人或什么神经病患者,而是指具有自我约束和自我克服能力的人。意志是超人的存在法则,凭借一种冲创性的意力,超人的生命具有了至高的价值。

在“上帝死了”之后，人的精神支柱从超验世界撤离，在感性的自我世界里被生成。由上帝立法而变为自我立法，这个内心的法则支撑起现代人的精神世界，以之与物质世界进行对话和交流。这种强力意志看似与传统儒家提倡的“内圣外王”相似，但实有不同。“内圣外王”的达成方式是修身，以“吾一日三省吾身”的内在修炼完成道德人格的完整，这个修身就是内敛型的，与强力意志显示的外向扩张有极大差别。

物质化的世界充满了渎神的冲动，人一旦被物质欲望所引诱而沉迷，自我的生存也就随之沉沦了。仅仅满足追求物质性的享乐，极容易被五花八门的物质所俘获，人自身也就被物化，成为被物质所左右的空心人。

要想超越（而不是摒弃）物质化的生活，只有努力丰富精神生活，从精神生活中寻找人生的意义，在生活世界里达到精神与物质追求的平衡，在不断变化的时代里调整人生的目标，追求自我价值的实现。

“赛先生”小议
——思辨不妨微观些

尹奇岭

“赛先生”即Science（科学）的音译词。五四新文化运动时期，“科学”这一概念已经深入人心。在给《科学与人生观》写的序言中，胡适大声宣告：“这三十年来，有一个名词在国内几乎做到了无上尊严的地位；无论懂与不懂的人，无论守旧和维新的人，都不敢公然对他表示轻视或戏侮的态度。那个名词就是‘科学’。”

“科学”这一概念被引进后，作为一种价值尺度，成为丈量一切价值的尺度。值得注意的是，这一过程的显著特点并不是科学自身的发展，而是各种新引进的社会学说借科学为名的传播。各种思想文化和社会方面的革新活动，无不打着科学旗号来进行，使科学成为新信仰、新神圣，而其内在理性反思的本质反而被忽略了。新文化运动的领袖人物时常不由自主地拿起科学的挡箭牌来推行自己主观认定的革新活动。文学革命开始的时候，我们注意到，偏离客观、冷静、求真的科学态度已经很严重，其中以“双簧戏”为最。下面摘录任鸿隽致胡适的两封信为例：

“王敬轩之信，隽不信为伪造者。一以为‘君等无暇作此’，二则以为为保《新青年》信用计，亦不宜出此。莎菲曾云此为对外军略，似亦无妨。然使外间知《新青年》中之来信有伪造者，其后即有真正好信，谁复信之？……

隽唯恐足下之自信为见到者尚有见不到处，故忘其浅陋而与足下有所议论耳。即如足下讲短篇小说而拉入庄列之喻言与古诗之叙事者，得非范围不清？又因欲称颂短篇小说长处，因言凡今世文学出品皆有趋短之势，因以单幕剧为戏本上乘，隽皆不敢谓然……所言皆无关宏要，但欲足下执笔时略为为全题留些余地，勿太趋于极端耳[趋于极端与Radical(激进)不同]。”(1918年9月5日)

“兄等议论，往往好以略相近而尤下流之两事作形容以为诋諆，此易犯名学上比拟(Analogy)之病。如老兄论我说的古体诗，竟扯上缠足、八股、专制政体等事，其实缠足、八股、专制政体等如何能与诗体比例？缠足为一时社会心理的病象；八股出于政府的公令；专制政体更是独夫民贼制造成的；诗体却是自然演进，没有加许多好恶与权威之裁制(试帖诗乃真与八股同类)，所以我说，就古来留下来的竟可说是自然的代表……再钱玄同先生骂张某的戏评也挪出保存辫发、小脚等事，似乎有点过甚其词。戏本之能否除旧布新，不过视一般人之美术思想(文学更说不到)如何，何必挪出那死心塌地为恶的保存辫发、小脚为比。至用到‘尊屁’美号，更觉有伤风雅……”(1918年11月3日)

我们从信件的内容上看，文学革命领袖人物为了达到目的，已经不是很顾及言说本身的科学性和客观性，甚至掩人耳目编造出一个反对者来达到丑化论争对手的手段。尤其是第二封信中涉及的比附论证的谬误，为了搞垮对手，几乎完全诉诸鼓动舆论的宣传手段，甚至连基本的逻辑常识也不顾，这都说明新文化运动领袖人物为了运动的功利打算，对事物本身言说的科学性已经不大顾得上了。随着新文化运动的发展，运动初期一致对外的情形发生变化，在新文化阵营内部，分裂、倾轧的情形渐渐严重。与初期对付新文化运动反对者所使用的手法大同小异，兄弟阋于墙的时候，也都是以科学在握的自信，不惜手段来搞垮对手，这是后话了。

文化生意趣谈
——视点不妨实际点

尹奇岭

中国社会自晚清以降发生了深刻变化，也因之影响到观念的变革。1905年晚清政府废除科举，把一帮梦想科考及第的绅士们梦幻毁灭，绅士阶层逐渐扭转了轻视商业的传统心态，并越来越多地投身到商业。现代印刷企业的崛起，正是这种观念变化的具体体现。

在新旧文化斗争共存的民国场域，新的印刷生产力和营销制度的引入所构成的新型书刊业，为一批文化企业的活跃提供了沃土。1897年夏瑞芳等创立的商务印书馆，1912年陆费逵等创立的中华书局，1917年沈知方等创立的世界书局等等，许多著名书局都应运而生，做文化的生意。管理这批企业的文化资本家在主观愿望上是以赚钱为目的的，这是经济规律决定的。文化实质上也是一种生意，达恩顿在研究法国《百科全书》的时候，就从经济上着手，令人耳目一新地指出《百科全书》从一开始就依赖金钱和权力的联合，在它最早期的历史进程中政治和经济利益就纠缠在一起。这与中国的新文化运动在经济上的表现某种程度上是一样的。

新型书刊业，作为一种中性的生产力和制度，天然的需求就是发挥自己急剧提升的生产和销售能力，换句话说就是要挣更多的钱，而并不在意所生产和销售的是新文化还是旧文化。新旧文化本身的读者量，才最终决定了新型书刊业巨大的生产和营销能力为谁所用。就是说，无论白话还是文言，作为生意来说，不是问其自身如何，而是看能否产生效益、能否挣钱。以商务印书馆为例，它对所要出的书籍成本和销售行情都有精细的评估，即使著名文化人也要接受经济天平的严格衡量。在文化资本家的盘算中，那些不能挣钱的书籍必定要在商业机制下被淘汰，无论享有何等大名，其书籍一旦没有行情，也难免要吃闭门羹。

商业的标尺严格制约着报馆书局的运营，因为商业利益是企业生死存亡的生命线。当社会需要与商业利益发生冲突的时候，文化资本家多是以商业利益为重的。例如当科学会因经费紧张谋求依托商务印书馆的时候，商务印书馆的态度也是纯商业精打细算，《张元济日记》中有如下记载："科学会愿以所有版权让归于我，梦旦查版税书，约每年售一万五千元，版税一成，千五百元。寄售书每年约两千元，四五折归帐，计九百元。全年两共两千四百元。如以一万元购入，五年中销数不减，可收回本息。余意可不购。"另外还有一项有趣的记录：1919年9月19日，星期五，"编译"项下："本年四月□□日退还《孙文学说》一书不印。本日卢信[公]来言，当时两商，或商务印，或伊出钱印。今安福部及大学校均印，何以商务竟不肯印，阻碍伊之学说。孙文大怒，将登告白，遍告全国，并出告白一纸见示。余谓，此告白系孙君自有之权，且本馆出书系有关教育，亦极愿闻过。至当时不肯承印，实因官吏专制太甚，商人不敢与抗，并非反对孙君云。"这则记载，虽没有谈及钱或对于销路的考量，但以商人身份自许是最明白不过的，遇到责难时，亦以商人不敢与官对抗为说辞以推脱。

在民国这一公共历史时空，新文化与新书业成功联姻，占据了新书业主流，旧文化也在积极利用新书业来扩大自己影响，其实，无论新旧，都与"生意"关涉。

"晃膀子"
——在大学我如何存在

翟志远

作为一名大三的学生，大学新生总以为我是一个"老油条"，爱向我请教大学生活的问题。问得烦了，手头上碰巧拿着毛姆的小说《刀锋》，我灵机一动，借主人公拉里的一句话，严肃而有威严地说："晃膀子。"新生傻眼了，怔怔待一会儿走开了。我得意地埋头看书。

书中的拉里代表了西方“迷惘的一代”,一战中好友为救他而牺牲,这让拉里陷入了生命的迷茫中。于是他对女友说,自己要去“晃膀子”,进行一次自我拯救的“出埃及记”。摩西要凭着上帝的指引来到“流着奶和蜂蜜的土地”,拉里无亲无挂,他要自己通过“晃膀子”走走看看的方式找寻失落的生命意义。当代的大学生其实在精神上与拉里何其相似!离开了父母亲人,独自求学,心灵上多少感到孤独。人际关系开始变得多元而复杂,社会的棱角慢慢向学生展露,现实生活的压力不断增大,难免会有迷茫之感,对大学的时光不知所措。

这很正常,我想每个人在成长的路上都会遇到一堵“迷茫的墙”。我在填报专业时就特别纠结,因为父母期望我能够学会计,可我却喜欢文学,这种冲突在我看来无法调和。该怎样抉择?有这样一则故事:一次国王问阿凡提:“在你面前有财富和智慧,如果只能选一样,你选择什么?”阿凡提说,我选财富。国王大声嘲笑阿凡提,但阿凡提静静地回答:“因为我缺少的就是财富。”阿凡提没有因为世俗公认的标准而蒙蔽了双眼,他始终清楚自己实际需要的是什么!这对当代大学生是很好的一个教育故事。既然开始认清社会的复杂,就应该明白个人命运的多元,把握住自己生命里真正希求的事业,这样你才能破除迷茫。而不是人云亦云,按他人的安排行动。

况且大学生的自主空间相比以前是空前扩大,若是没有明晰而坚定的目标,恐怕时光于人无异于钝刀割肉的痛苦。为梦想“晃膀子”是不错的选择。大学何谓之“大”?在大学,人人是“大写”的人,有充足的自由度去尽情地追逐梦想,完满自己的人格修养,丰富个人的生命。大学是青春的,它是奔跑的,大学生相信的是“生活在别处”。为了在远处的梦想,大学生热衷于“晃膀子”。比如我,最终选择进入文学院,在大学里为着“文学梦”满天里乱晃,熬夜看书写作。写出一首诗恨不得立马捧到前辈面前求教一番。周围人笑称我是“诗人”,听到曾有校园诗人激情难抑而去操场裸奔,更是撺掇我“诗神凭附”,来一次裸奔。但“晃膀子”的岁月却是我大学最开心的时期,只因那时我的生命是自由幸福的。忽然我明白了兰波为什么仅有十五岁就敢独身前往巴黎:因为在巴黎有他生命所热烈企望的东西,有他生命可以为之欢腾的事物。只为了生命自由奔放时的那一刻沉醉,这样的“晃膀子”也是值得的。

而在大学里,我已经很难看到“晃膀子”的学生了,大家都说大学是最后的象牙塔,可却只想着适应未来的现实,很少有人去维护象牙塔的纯洁崇高,捍卫自己的梦想事业。很多追逐梦想的“晃膀子”们最终失败了,没有得到自己梦想的东西,可难道因此我们就不去追逐吗?我最喜爱的叙利亚大诗人阿多尼斯说过:“世界让我遍体鳞伤,但伤口长出的却是翅膀。”

孤独的词与人

陈　慧

从古到今,人们热衷谈论孤独几乎到了奢侈的地步。但似乎又有着常见的两个误解:在形态上,把“独自”与“孤独”混淆;在心性上,把“寂寞”和“孤独”等同。孤独,是人的深层生命意识之一,对它的体验与认知是绝对个人化的,如何认知自己的孤独,折射出的是认知者生命的宽度和深度。易卜生说:“孤独者乃为最强者。”意大利女影星索菲亚·罗兰在自传里感慨:“即便身处人群,我也倍觉孤独。”现代的歌似在回应罗兰:“你恨自己害怕孤独,却偏偏又爱上自由自私的灵魂。”

人渴望理解和陪伴其实并不是因群居而养成的习性,而是因深觉了人存在的孤独本质所致。不用多高深的智慧,你闭眼一想,在“生与死”这样的生命两极上,你立即就明了:生,无代替;死,也无能替代。一个个孤绝的身体行走在天地之间,虽也有他人的扶持与温暖,终归还是你在自己生命的芯子里。听听陈子昂的《登幽州台歌》:“前不见古人,后不见来者。念天地之悠悠,独怆然而泣下。”

孤独既是生命的本性,学会享受它也是不错的生命立场。生活中的细枝末节于常人如水过沙地、翼拂轻云般微不足道,而对于孤独者却独具风采和意义。苏轼在《定风波》中提到沙湖路上遇雨,“同行皆狼狈,余独不觉”。这样一桩在他人看来平凡无奇甚至糟糕透顶的事情,被孤独者遇见了竟诗情画意起来。“一蓑烟雨任平生”,反倒畅快淋漓、妙趣横生。这便是心若向阳,无谓悲伤。不恋峰拥翠绕、繁华热闹,只爱细水长流、一人静好。独行独坐,独唱独酌还独卧。洒脱自然、快意逍遥,生活仿佛另有一番情致。

孤独还是种别具一格的美。“孤舟蓑笠翁,独钓寒江雪。”一句想象成山水图,在几乎没有生命的漫天白雪中唯有一渔翁独自垂钓,寒凉寂静之感油然而生。诗人特意设置千山、万径和铺天盖地的大雪营造极空旷广大的情境。却又是鸟飞绝,人踪灭,只有孤舟独钓,这就愈发寂寥孤独。试想这里的渔翁若非一人,小舟若非一只,而是结伴或成群,那境界就少了点净洁、出尘的味道,而多了烟火世俗感。恰恰两句第一个字合成“孤独”,这正印证了孤独之美吧。古诗词中对月的描写或喜或悲,也总以孤月居多,少有满天星辰的。有些画家喜爱画一剪梅、一枝梅而非一树梅花,奥妙也就在此了吧。

孤独的意义当然也不仅在于审美,还在于发现自我、成就自我。古来圣贤皆寂寞,大概就是因为孤独而优秀。庄子寂寞无人能懂,以大鹏自喻。米开朗琪罗在信里坦言:“我永远是孤独的。”也许正是这份孤独使之有了更多思考的时间,创作灵感才涌现出来。身处是非争端中,人常会被尘世的风浪给捆绑,原本的清晰坚定最后都消磨成似是而非、模棱两可。何况犯着"明明病"的人,明知孰是孰非,却一味随波逐流,追随"大众"的脚步。而在自由的不受束缚的灵魂下,孤独者是相对客观的。也并非都是"举世皆醉我独醒,举世皆浊我独清"。但最终当历史的车辙辗过额头时,常对孤独的灵魂留下赞许的痕迹。

你觉得你孤独吗?能与自己娓娓而谈的人是不会孤独的,那只是你的感觉罢了。

爱情与人格
——从杜十娘说起

余承艳

"浑身雅艳,遍体娇香。两弯眉画远山青,一对眼明秋水润。脸如莲萼,分明卓氏文君;唇似樱桃,何减白家樊素。可怜一片无暇玉,误落风尘花柳中!"

《杜十娘》一开头便给读者呈现了一个艳丽多姿、八面玲珑、迷倒众生的一位青楼女子形象。

无疑,她是美的,美得当时盛传这样一句:'座中若有杜十娘,斗筲之量饮千觞。院中若识杜老媺,千家粉面都如鬼"(媺是杜十娘的名)。但她又是不幸的,风尘女子之名号是她一直想摆脱却无法摆脱掉的;更为不幸的是,她遇见了一个看似忠厚志诚的"老实人"——李甲,实则骨子里尽透着怯懦、自私。

爱情究竟是什么?是词人元好问所答的"问世间情为何物,直教人生死相许"般生死缠绵吗?是诗人元稹《离思五首·其四》里描绘的"取次花丛懒回顾,半缘修道半缘君"般真挚专一吗?是戏曲家洪昇《长生殿》里的"精诚不散,终成连理,万里何愁南共北,两心那知生与死"般的至死不渝吗?是才女张爱玲笔尖所流露出的"遇到他,她变得很低很低,低到尘埃里,但她心里是喜欢的,从尘埃里开出花来"般的卑微与欣喜吗?这些美丽而忧伤的体会啊,谁说得清是怎样的一种魔力,叫你不得安心,只是惊心、倾心!

在杜十娘的爱情字典里,爱情具有崇高至上的内蕴。即使身处青楼,杜十娘仍然念念不忘爱情,并且始终怀着一颗纯情至真的心去追求那种建立在人格平等、相互尊重基础上的爱情,而一旦得知自己向往的爱情被负心汉竟用以千金之价典当了的时候,她的心就在那一瞬,片片凋零,凋零得"体无完肤"。但她没有像以往被抛弃的怨妇那样一哭二闹三上吊,也没有即刻揭露负心汉李甲的虚假,更没有用自己拿身体换来的价值连城的百宝箱来换取李甲的回心转意。故作镇静,强压各种委屈的她,只是不想被看低,不想被深爱着却又深深伤害着自己的男子看轻罢了。

当窥到深爱的人因为可以再次拥有千金之资而面露喜色时,当明彻自己不过是他人心头的累赘时,杜十娘知道,一切不可挽回了,一切都已成定局了!这时,杜十娘看透了，她笑了，这是一声透着太多意义的冷笑，而这一声冷笑是跌入万丈深渊的沉痛，是心如死灰般无奈的悲吟，是对负心人充满仇恨的鄙视。它就像冰冷的锋利的利器划破爱情的虚伪，也正如一根布满尖刺的荆条，一遍遍、一声声抽打着负心汉，也抽打着被金钱掌控的悲情的世界。

因为心中燃有爱情的火焰，杜十娘从青楼拼命逃脱出来，于是，获得了生命的重生。同样，因为追求爱情理想与人格尊严，杜十娘又抱着足够养尊处优的百宝箱毅然决然地怒沉水底，一个宁可选择死亡也不愿爱情里来得半点虚假与委曲求全的刚烈女子，到底是因为爱情获得了生命的重生，还是因为爱情丧了性命呢？我想，谁也无法回答！毕竟你不是她！你没有处在那样一种境地！

没有以人格尊严为基础的爱情，何必再把爱情的永恒与生命的崇高交织在一起呢！

对杜十娘来说，爱情可以平淡，但绝对不受他人"摆布"，更不可没有尊严和人格，所以死亡是她爱情唯一的归宿，是看透他人、意随心动的彻底觉悟！

"生命诚可贵，爱情价更高。若为尊严故，二者皆可抛。"或许，这就是杜十娘一生信奉的人生信条吧！

制度和现实
——对当下教育制度的一点感性认识

范恒娟

教育制度作为一个话题，每时每刻都有专家学者和普通人乐此不疲地在提着，而它一直也都是作为一个问题而存在着。教育制度是个带有强烈感情色彩而又无情的词，我们每个受教育者都是虔诚又麻木虚伪地处于其中，茫茫然地暗自侥幸着。我国现行的学校教育制度形态包括了学前教育、初等教育、中等教育、高等教育。这些具体定义自不用我多废话，互联网发达至此的今天，大家随手一查就可以知道。可定义和生活总是两条路上的人，形形色色的千差万别着，或许暗自里已经背道而驰了。无论什么话题，我总不自觉地从自身说起，好像只有这样我才能显得稍微懂那么一些，虽然我最不懂的也还是自己。

高中三年感觉已经很遥远了，脑子已经健忘到太多太多都想不起来。时值接受高等教育第三年，接下来会毕业、会工作、会结婚、会有自己的家庭，这是一个中国孩子应该有的、千篇一律规规矩矩的，而且家长喜闻乐见的一生。街上的书在按斤卖着，不知道学生们可不可以按斤来学，毕业生都很担心以后要干什么，怕没有工作赋闲在家，成为一个孤独的废柴。而对于我自己来说，自然是听爸爸妈妈话。他们给我做了好几份打算，公务员啊、银行啊、考编啊，总的来说就是什么都试试吧，当然除了内在考试还得考虑外在关系。所以经常会突然感慨，可说白了也没什么值得感慨。

也许是在烦躁不安的年龄，特容易就怀疑人生，我不当大官不挣大钱不立志救国不拯救世界，可不可以让我容易一些。可同时我也知道没有什么是容易的，考研考编考公务员，就这几条路，不知道是谁最先替大学生做了这么几条规规矩矩到完美的出路？他可真伟大，就这样轻而易举地便决定了千千万万人的命运与一生。要毕业，要工作，要挣钱，要相亲嫁人，要你疼我爱孝顺爹娘。我们都要这样活，可不知道是谁规定的，谁规定的呢？好像我一直在一条路上走啊走，走着走着可能就消失了。可我没有消失也没有升仙，我带着一身骨头和肉实实在在地还存在，多真实，多虚伪，生活不温不火地陪着我，我多想气哭再逗它，可事实上它一直都是不苟言笑板板正正的，一眼望到死的样子真恶心。 大学三年了，这让我很着急，我不知道急什么，也许是对复制、粘贴式的生活烦了。但也仅仅是一闪而过的厌恶，没有改变，没有不同，简单机械。日复一日年复一年，我依旧重复着我的重复。

高中三年吃饭睡觉学习，大学三年吃饭睡觉，可书上还在说着随着社会和经济的发展，我国的教育总体上是正确和不断进步的，对大学生这样有文化高素质的劳动者的需求越来越大，越来越迫切，我也觉得挺迫切的。并没有怀疑社会大趋势教育总制度的意思，喝酒微醺，抱怨一下日常，也是生活的一种情趣。自己作为制度下的一份子，且是如此，不知道的是别人又活出了怎样的一番生活。我挣扎的是不想如大型工厂生产零件一样的被教育，被活着，或许是制度与禁锢在冲撞，求的是一个安稳和存在。结局千篇一律如生死一般平淡无奇，套用尧十三的一句话："对不起，我没有成为你希望的人，因为我还有一场孤独的人生等着我。我想我，会学着改变。"

让梨以后
——说说孔融

李 茜

如果说乔布斯和苹果是一对情侣的话，那么孔融和那梨亦是让人羡慕，天造地设的一对，因为无论上至七旬老人下至垂髫孩童，提到孔融都必然会把他和那水嫩多汁的梨联系在一起。

而我们对于孔融的认识似乎仅仅停留在那与诸兄一起吃梨的回忆里，又有谁记得让梨以后的是是非非呢？从生至死的那五十多年光景里的光芒和暗淡。

孔子二十世孙的他似乎从小就已经绽放出睿智、博学的光芒。据《世说新语·言语》

注引《融别传》记载，十岁那年的孔融随父来到首都洛阳，不知“天高地厚”的他硬是要见名声极大，士有被其容纳就犹如登龙门的河南李膺，自称李膺通家子弟。对于李膺的“高明祖，父与仆有旧恩乎”的问诘，坦然答道：“然，先君孔子与君先人李老君同德比义而相师友，则融与君累世通家。”这样的问答让李膺也赞他将来必为伟器。

而后来的孔融，他所行走的每一步也正如预料一般向着“伟器”迈进。

在那个虽然充满悖论、鼠疫肆掠、饿殍遍地的建安时代，却是中国文学驶入五言诗的第一个驿站。除了曹氏父子，那在历史长河中依然璀璨的便是七子，而孔融作为继蔡邕以后东汉末年的一代名儒，以其卓越超群的才气和威望名列七子之首。

我爱他的文章，爱他“岁月不居时节如流，五十之年，忽焉已至”；爱他“人有两三心，安能合为一？三人成市虎，浸渍解胶漆”。爱他文章里的广征博引、有理有据，爱他文章里的气扬采飞、情深义重。

文章里的他一如人情世故里的他一般，真实、爱才、惜才、举荐时才、不遗余力。在那被刘勰称为表之英的《荐祢衡表》中，他以“淑质贞亮，英才桌砾，中果正直，志怀霜雪，见善若惊，疾恶如仇”的赞美之词让汉献帝启用他，不仅如此，他还在文章首页以帝尧旁求四方，以招贤俊，武帝将弘祖业，畴咨熙载的前人求贤之例来说明招揽贤才的重要性。整篇文章用典颇多，气势恢宏，但却极富说服力。

但是这份荐表却成了他的死因之一，罪名便是：祢衡称孔融仲尼不死，孔融说祢衡是颜回复生，大逆不道，宜极重诛。我想实际为孔融招至杀身之祸更重要的原因是他的政治立场和他的讽刺挖苦，得理不饶人的性格。

孔融一直希望借曹操之手复兴汉室，但是对于曹操日益暴露的野心和借汉献帝挟天子以令诸侯的行为日益不满，他以凌厉的笔锋和过人的智慧处处和曹操过不去。如曹操以粮食紧张，喝酒误事为由下令禁酒，而孔融作《与曹操论禁酒有书》，以亲近女人也会亡国，何不禁婚进行反击；曹操攻下邺城，曹丕纳袁熙妻子为妻，孔融笑曹操是“武王伐纣，以妲己赐周公”，语言过分的调侃犀利。

虽然这一切都是为了让曹操还权给汉献帝，但孔融所做的一切都是无力和苍白的，因为这就是政治。而孔融在政治上无疑是失败的，无论是他想让曹操还权给汉献帝的天真想法还是在汉室大乱后不会打仗的他在战争中的屡战屡败。但是谈孔融却不能把他和政治和局势分开，因为建安那文学趋于自觉纷争不断地乱世给了孔融创作和抒情的宏大背景。

建安十三年，孔融被曹操借故杀害。那一年太阳依旧照常升起，却成了七子之首的孔融五十六年光景中的最后一年。

第二部分

争鸣

醒来
——谈龙应台《目送》

刘丽竹

“我看着他瘦小的背影消失在门里。”

“我”是谁?“他”是谁？谁消失了踪影？偶然还是永远呢……其实,谁都可能是“我”和“他”。

我想过这本书的题目由来。在序中,先生提到自己写作之余很热衷到处游走,拿眼睛捕捉景,用相机记录景。相机作为“心记录”的工具,作用是辅助的,关键还是在于眼的采纳,心的神会。如此解释起来,目送即是记录眼睛里的送迎往来,目送着他人的走,又在另外之人的眼中被期待地来。

书中先生作为一位母亲,一次次地送走自己的孩子离开自己,去成长。而作为儿女的她,又何尝不在父母的期待中疲倦地归来？即使往昔已不再,母亲的痴呆、父亲的瘫痪也没使她去怀疑这个世界。她都懂,这就是生命,这就是老去。从懵懂到强盛再到成熟,最后衰落。无论是一个毫无关系的人还是一个血缘羁绊的亲人,先生都用文字用故事告诉他们——此乃人之常情。

谈及与友人的相处,先生写到了参加蔡琴的演唱会。她哭了！很多人都哭了,可是她们哭得不一样。作为不认识的人,他们为自己而哭;而作为友人,她为蔡琴哭。这就是朋友么？从她的话语、歌声、舞蹈、神态,你了解到的她是别人所不知道的,感悟到的她人生里的惋惜与怅惘也是除好友外别人不愿去感受的。

写到好友来山中探望自己,友人在新年交替的最后一刻留下,陪伴孤身一人的她,为她排解寂寞。先生心里感念他的温暖,却反问友人:“两个人就一定比一个人不寂寞么?”友人答不了,我看了也无甚好的反诘。我在思考:作为一个作家,她必须享受寂寞才能有好的作品;先生也说过有些路可以陪伴着走,有些却只能一个人走。看上去她似乎不赞同友人的“殷勤”,但是她又为什么写下这段经历呢？只为表述她孤独的“论断”？不是的,我不这么想。先生理解孤独,赞赏孤独,但她更赞赏友人的温馨陪伴。可能会一起孤独,但是你的举动,你在如此特别的时刻会顾念我的感受,我是欣喜的,也是感念的。就算友人没有留下,先生也不会责备,但他的留下,捂暖了一个流浪山间的冷清心。感谢他。

先生是温柔的。在谈论她爱和爱她的人时,她仿佛成了一个极力想要炫耀手里七彩糖纸的小女孩,这些蜜糖流进了她的心里,也粘在了我们的嘴边,伸出舌头轻轻一舔,啧啧,回味无穷。可她愤愤不平的时候,写出的文字犀利如刀光剑影,划开你的衣襟,割破你的皮囊，露出血肉之躯，让你痛，让你叹。

她写了一个孩子。国三的学生，正是人生最紧要的关头，在厕所里上吊死了。这样的故事每天都有不少，在所有新鲜的故事里，它刚引起轩然大波，就“咚”的一声沉到水里，淡了，被掩埋，被抹去，如同灯下的飞虫，默默地来，毫无关注地走。可是，真的是这样吗？先生为他放下手中的笔，走上窗台去思考。她思考着这个孩子的最后一天：有没有人拥抱他？安慰他？为他做饭？轻抚他的肩膀？让他感受到这个世界的温暖与不舍？结论是，一个都没有，谁也不在乎。

所有人都在告诉你失败只是一时的，总会有成功的一天；所有人都在叮嘱你一定要坚强，却没人教你怎么学会坚强，而它不仅仅只是不哭而已；所有人都看不起你的放弃，期待你的再次重来，一飞冲天；所有人都不是你，但他们都在逼你去站在最光鲜的地方来诉说你那可以忽略不计的“头破血流”……和成功相比，似乎什么都值得去牺牲。可我们真正缺少的是什么呢？失败在哪儿？怎么从失败中走出来？怎么调整心态，舔舐伤口，强大自己的内心？这也是最被忽略的部分。

人与人的感情不仅仅是亲人与亲人、好友与好友，两个不相干的人也会产生诸如抱歉、愧疚、叹惋、赏识等情感。我欣赏先生，她在描写感情，最真实最温暖的感情，也是支撑着这个世界去旋转的动力。

先生的文字温馨如三月寒风里的一缕青烟，淡雅而不轻漫，孤独而不悲痛，似飘落又似旋起。在这样一个日渐冷漠的社会，所有人的内心似乎都蒙上了一层光鲜亮丽的保鲜膜，紧紧的，不留一点缝隙。如果没有人去记录什么，去写下点什么，来敲碎他们心上厚厚的间隙与窒息感，那么，最后的我们只能成为完全冷血的陌生人，没谁在乎谁的“行尸走肉”。

太阳下山，月亮升起，星星发亮，河水流淌。

“从哪里来，往哪里去，心中渐渐有一份明白，如月光泻地。”在人群中穿梭，有远有近，我想好了怎么走，怎么做。

幼稚心灵
——《城南旧事》惠安馆篇

刘丽竹

“当、当、当……”走过英子家门前的骆驼来了。

我清楚地记得英子对骆驼铃铛的解释，“一定是拉骆驼的人类，耐不住那长途寂寞的旅程，所以才给骆驼带上了铃铛，增加一些行路的情趣。”

孩子的想法多美，那大人的呢？很“丑”还是很现实，很缺乏生命的美感？

小孩子很奇怪的。你越不让他知道的东西，他越想知道。对于惠安馆的疯子秀贞，英子很感兴趣，她把接触秀贞当作她玩耍时的大冒险，她比大人胆子大多了。

英子和秀贞成了朋友。她和疯子成了朋友，谁也不敢告诉。她知道了秀贞的秘密，知道了后颈有块胎记的小桂子和一去不复返的三叔。在所有人都避而远之的时候，英子想要去了解这个疯癫的可怜女人，她做到了。真相大白，可怜人被逼疯，人们不去了解反而嫌弃。这种现象太常见了，大人们都太忙，也太冷漠，他们不会去在意别人疯癫与否。成长意味着丢失某些“东西”，难怪英子不愿长大。

“我喜欢你，秀贞。”英子为什么喜欢秀贞呢？秀贞不是个真正意义上的“疯子”，她没有伤害任何人，反而因为太善良而受到很多伤害。她的神志不清，是大脑为了自我保护而做出的让步，理智对感情所做出的让步。秀贞永远记得最好的那些部分。她记得小桂子一直都在，只是找不到回家的路；她记得三叔还没来娶她，是路太远了；她随时收拾好东西准备着，小桂子一回来就去找三叔。她记得所有的事和所有的安排，只要这些人到位了，她就可以出发，去寻找自己的幸福。她很好。英子呢？英子是一个善良的孩子。她始终记得秀贞交代她的那些事，记得秀贞心里的那些人，她每每与秀贞谈话时都会谈到小桂子，谈到三叔，这些人在英子心里因为秀贞的坚持而真实存在。这不是人们常说的类似诡辩的你信，则有；不信则无。存在不存在已不重要，重要的是因爱才执着。

后来，后来好人终有好报，好像是电视里大家最喜欢的圆满结局，小桂子找到了，秀贞带着她去找三叔，所有人都幸福了，妞儿也不用再挨打了。然而，在大人眼里，妞儿却是被拐走的，英子也差点被拐走。

妞儿是秀贞的孩子么？英子想在妞儿身上找到胎记，她迷迷糊糊地找到了，秀贞也找到了，我却觉得这都不重要。妞儿离开了整天打骂自己的假父母，秀贞也找到了小桂子，这就好了。她们去了哪儿？秀贞的病会不会好，能不能找到三叔？我们都不知道，但是秀贞会好好对待小桂子。一个疯子的善良也许会把大多数人的“善良”比下去。同样的，一个孩子的幼稚也会把大多数人的现实衬得无比可笑。

“当、当、当……”人生的这条长路，不会比骆驼行走的那条沙漠更简单而多欢乐，寂寞总会是大多数时候无法避免的人生态度。我们该学着将铃铛挂在那些值得纪念和付出的事物上，让它们增加旅途的情趣。放手松开那些羁绊我们脚步，让我们不渝和不平的执念，也许正是我们修行一生的课程所在。

老城，旧胡同，胡同里的旧人，老祖宗似的旧槐树，进进出出数不尽的门墩儿和台阶儿……这些物什在英子的脑子里都是占了大地方，堆了厚灰尘的，即便颜色褪了，光亮黯了，棱角模糊，形状朦胧，也依然是她最美的童年。

侠客与孤儿
——谈谈金庸

王　植

何处相逢？
在荒原。
——莎士比亚《麦克白》

金庸是华人圈公认的通俗小说巨擘，其获得的跨地域、跨阶层的口味大团圆，成为华语小说的独特现象。究其极，我们可以想见武侠小说相比严肃文学的特别之处，那就是我们总愿意借由阅读，把自我投入到那个辉煌多姿的奇幻世界，我就是那些侠客，我总是热血沸腾地让他们寄寓己身，或者是暂时的，或者是存续的。

而相较于那些高超武学、奇门术数、炼毒传功、门派宗户之类的伪知识，金庸小说动人之处仍在于其人物的成长，江湖（历史的、国族的、政治的）只是必要的洗礼与历练，成长的历程中包含着各种价值的考验，而爱情是其中一端——在金庸笔下是尤其被强化的一端，往往成为主人公人格试练的核心。

然而在种种江湖的舞台中，主人公历经爱情的试练后，却多数最终成长为浪游者，浪迹天涯是他们最终的宿命。如张无忌和赵敏、小昭、蛛儿，令狐冲和任盈盈，杨过和小龙女，狄云和水笙，袁承志和温青青、阿九……似乎只有郭靖和黄蓉过着稳定的生活，终至为国献身；韦小宝和七位妻子最终也走向浪游（但很难说他对七位妻子有多少爱情）。而没有得到美满爱情而浪游终身的怅惘角色更是多不胜数：黄药师、李莫愁、梅超风、郭襄、程英、袁紫衣、陈家洛……退隐和浪游成为这些高人真正的归处，以无为有，这隐然透露着一股对乱世、衰世（武侠世界总是乱世）的伤悼，一种对主流价值和政治统治者的不信任（如袁承志历崇祯、李自成二朝的覆灭后，直接拒绝多尔衮的政治邀请）。更高的层次上，则是金庸对历史的不信任，历史是已经发生、却又做不完的噩梦，侠客们本质上是不能对历史做出什么大改动的，只能通过一种浪游（既是身体的，也是精神的），召唤可能的意义。在这个角度看，金庸继承的是中国古典小说如《水浒》《儒林外史》《红楼梦》对中国人的最终想象，花果飘零，风流云散，却不承诺会有灵根自植，重放光辉的一天。

然而金庸却又有着和其他小说前辈不同的思索，在《水浒》《儒林外史》《红楼梦》中，作者仍在回望着那个曾经美好的世界，那个世界像一位伟大的母亲，让这些孩子可以安然徜徉，也只有母亲才能解救孩子的苦难。到了金庸这里，母亲却不再具有这些伟大的爱，金庸思考的是母爱的时效性，父亲亡故了，母爱或者变质，或者转入孤寂：《天龙八部》里三个主角走的是寻父之路；《倚天屠龙记》中殷素素万念俱灰为张翠山殉情，儿子也不能重燃她活着的欲望;《神雕侠侣》中穆念慈多年孤苦,抚养杨过,却不告知杨过关于他父亲的事情,只在心里和眼泪中默默思念杨康。这些主角长大,都不再回望曾和母亲在一起的时光。母亲看清了父亲一去不返的遭际,儿子也看清了母亲一去不返的宿命。他们自然地告别了母亲,然后孤独地成长,孤独地爱。这是金庸较之古典说部更为现代之处。

正是在这个意义上,我们以《神雕侠侣》为例,或许可以触及金庸小说那个最原初的悲伤内核:杨过、小龙女二人是这世界的异类,他们共享着一母同源的孤苦,骨子里却漂流于主流之外。他们要怎样保护自己的本色性情、苍凉生命?杨过的断臂,小龙女的跳崖,都是自我向主流做出告别的代价。我们可以想象,有一天,我们见到一个两鬓斑白的独臂男子,十六年等待依旧孑然一身,如幽灵般飘荡。他从何处来?往哪里去?他的断臂之中隐藏着什么秘密?……这便是小说最大的创痛,是人子的创痛,是母亲无能为力的创痛。这种书写不承诺前瞻性,只是重复演出生命最深沉的悲伤。但金庸想这样写而终于未写,小说之悲剧性亦终为重逢的凄美爱情所冲淡,不亦惜哉。

爱、乱伦与苦熬

——读福克纳《押沙龙,押沙龙!》

王 植

在福克纳众多长篇小说中,《喧哗与骚动》和《押沙龙,押沙龙!》是关联最紧密的两部。相似于中国的《水浒传》和《金瓶梅》,《押沙龙,押沙龙》也似从《喧哗与骚动》中抽取一个时刻(昆丁在外留学)而扩展成更为宏大、深刻的小说体系。与古典说部不同的是,作为一代现代主义巨匠,福克纳在《押沙龙,押沙龙》动用的是多重叙述视点(未必就是承自《喧哗与骚动》,它显得更为自然),不同人物的回忆,无尽的繁复与悲伤。于是这种提取更是记取,无论在昆丁,还是在福克纳,生命从这里曾经流过,它曾要穿透新英格兰铁也似的黑暗。

前七章里,福克纳巨细不遗地描写萨德本和他那片百里地的历史,萨德本家族的生死哀伤,执念悲愿,恩怨情仇,许多情节未必没有通俗剧的色彩,而无数长句如无数皮鞭,鞭鞭见血地抽打出人物内心难已的悲伤。(从中也很明显地可以看到,日后的马尔克斯是如何全方面地受教于福克纳这位老师。)而统摄这一切的,是昆丁的目光,他听父亲回忆、听罗沙小姐(萨德本家族最后去世的老太太)回忆、听施里夫臆想,他在眼前呈现出过去的一切,那一切都将是要灭亡的,他目送。非如此,不足以完成小说的寓言意义(就像《百年孤独》作为拉美寓言一样)。也经由前七章的书写,那让人低回于心、感叹不已的人物们(典型如查尔斯·邦和朱迪思)都已上升到超自然的、纯符号的、不可触的领地,一片寓言的圣地,书写于此是记录,也是悼祭。但若将前七章的故事悬置,我们可以看到在第八章内,昆丁(还有他的同学施里夫)作为局外人很惊人地开始长篇大论地去穷究查尔斯·邦和朱迪思的感情——或者是爱情。(但福克纳同时又写道:"两人中谁方才在说,是无关紧要的。"重要的是内容。)毫无疑问地,昆丁的推叙最终将让整个寓言破局,甚至连他自己也摧毁。

邦与朱迪思的感情——这的确是小说写得最好的部分。在前七章里,邦对自己的身世到底清楚与否,我们并不能确定。(即使昆丁的第八章会让我们相信他是朱迪思的异母兄长——自然是父亲萨德本造的孽。)而除开昆丁的因素不看,邦与朱迪思的感情也是如许深沉:

"我们等待得太久了……这么说天又要亮了,而我也必须打住了。打住什么?你会说。自然是思想、回忆——注意我并未说,希望——;再一次在时间没有界限与疆域限制的某个阶段里,成为一个集体中没有思想、没有理性的一分子、一个成员,这个集体即使在四年之后,依旧沉浸于以及显然痴迷于对往昔和平与丰饶的回忆之中,其阴郁与无法动摇的痴心程度我无比钦佩,回忆中的那香味和声音的具体名称我怕是不能一一记得了,这种沉迷甚至能对缺只胳膊少条腿的威胁都不在乎,仿佛是拥有某种秘密获得的、绝对可靠的、不死的承诺与信念的……我现在相信你和我,说来也奇怪,会包括在必定要活下去的人群之中。"

这是邦在战场上给朱迪思唯一一封信的一段。在此之前,这对"情侣"间拥有的只是几句话的交谈、一两次散步、家人的认可以及为期四年的分离。他们相互间可以说全无了解,但邦却可以有最深刻的理解。当历史(南北战争)降临在他们身上,谁也不知道它要告诉他们的究竟是什么,四年的苦熬(战争、身世、兄弟、此生最深沉痛苦之爱或是爱的埋藏)以最大的能量让邦发出最深切的感怀,如临深渊般无比沉重、绵密、浑厚而悲伤,这是"来自死者的一个声音",这声音包容了他,还有他与朱迪思之间的一切——他与她在此面前是共命运的。朱迪思当然懂,她在接到书信的那一刻开始缝制婚衣,且在斯人逝后,为他照顾孀妻和幼子,为他立下安息之墓碑——她知道他之一生已实在地建立完成,包括爱。十余年后,她照顾她染病的孩子时,自己也染病离世。

但昆丁却要让这声音鸣响得更为悲凉。在昆丁的推叙中,邦知道自己的身世,朱迪思的异母兄长。如此,他们的爱情便是乱伦,而邦爱朱迪思的最初动机也发生质变——为了逼迫生父萨德本认自己。但最终,萨德本都没有认他,而他却可能在这样一个过程中真的对朱迪思产生感情,"他必定已经知道那事总要来临"。很耐人寻味的,他仍然选择继续下去:

"他知道有一种命运,一种厄运笼罩着他……有些事情是必须有的不管实际情况如何,仅仅是为了账面轧平,在旧账页上写上已付字样,于是不论管账的是谁,此人就可以从架子上取下账本，把它烧掉，毁掉……他始终知道那爱恋是会自己照顾好自己的。”

而他亦不是没有过省思的：

“即使他不得不经常提醒自己，他自己是绝对不应该用这个方式来做这样的事，然而他却继承了这股血脉……越来越近，越来越近，直到悬念、困惑、匆促以及一切，都像是合并成一种升华状态，被动投降的升华，在这状态里他唯一的念头就是好吧。好吧。即使是这种方式。即使他要用这种方式来做这种事。我也愿承诺永远也不再见她。永远也不再见他。”

什么是“被动投降的升华”？又为什么会是“升华”？是面对不认自己的父亲萨德本、面对战争而得出的一种如前引书信那样的感怀？无父的邦，孤儿的历史蕴含着爱的时差——方向和时机，经常是倒置和错乱的。它的内在发生了质变，因为它内含一种亲缘伦理不完善的创伤。所以，为什么会是乱伦？但当然就是乱伦。乱伦成为某种总体病症的一种变体，一种反映。也因此，邦的乱伦之选本身即是个不可避免的选择，它的形成没有外在因素，一切都是内在的挣扎。源于他绝望的孤独。

给予他这孤独的最深刻者当然是父亲萨德本，他对待他倒是很平静：“我们大家要去的并不是你的或他的也不是教皇的地狱，那是我妈妈的和她妈妈、爸爸的以及他们父母的地狱，而且将要去的不是你，而是我们。因此我们可以聚拢在我们该在的地方，因为如果只有他去那里我们也还是必须去那里的，因为我们三个仅仅是他生下的幻想，而你的幻想是你的一部分，正如你的骨骼、肉体和记忆一样，而且在痛苦中我们也是在一起的，因此我们将不需要记得爱和私通，而说不定在痛苦中你甚至都不记得为何要在那里。”四年的等待，他的孤独更形深沉，他勉力与之抗衡：“我的上帝，我仍然年轻；即使过了这样的四年我依然年轻。”而同时，对父伦的求而未得，让他生发出新的臆想：“……四个年头，准已改变了他，使他会对我说的不是——原谅我；而是——你是我的大儿子。保护你妹妹。别再来看我们中任何一个人了。”爱，转而成为保护。是这样一种升华？

其次来自于异母兄弟，朱迪思的亲兄长亨利，他曾经也同意这样的事情：

“不仅是没有可以生产出食物的土地，而且也没有了对食物的需要。”什么都不重要了，都不需要了。包括爱。但他最终还是开枪杀死了邦。乱伦最终逃不过向死而生的宿命，纵然没有发生过身体上的欢娱，身体也要走向必死——邦最后成为一具尸体。或由于邦对亨利不断的死亡撺掇（一种死亡冲动——“除非你把我拦住，亨利……现在就干吧，亨利……你得想办法阻止我，亨利。”），或由于亨利自身的无意识——他对妹妹朱迪思，也不是单纯的兄妹之情。不完整，也不可能完整，鉴于昆丁对这段感情的最终评价“但那仍然不是爱情”，或者可以说，那是爱的分裂，它比爱的死亡更为常态，它有增生的能力，却没有要成熟的意志，总是还未形成就要枯寂了。它的归宿，在消失无踪与无尽的繁衍之间，来来回回，哀伤莫名。

整个第八章，作为一份暧昧的爱的评价，其实都是昆丁个人的思索，召唤的其实是昆丁个人的经历——那在《喧哗与骚动》中,他对胞妹凯蒂复杂的感情。他个人的回忆被带出来了。他与凯蒂的点点滴滴回来了,他那不知自爱的凯蒂也在他的玄想中或幽或明地回来了,“她一下子就站在了那里”。在《喧哗与骚动》中,那仍然是普通的意识流动,“没有妹妹、没有妹妹就是没有妹妹”,而在此刻,经由邦与朱迪思的“爱情”,他将它升华为忧郁的冥思,爱的宣谕。

这满腔的爱当然只停留在意念的层次,但却最终要以自毁的方式呈现。深刻而悲伤的冥思,透辟而感人的玄想下依旧是心灵的废墟。那份爱“它是会自己照顾好自己的”,昆丁借邦与朱迪思之情,思索透了这爱的生之所历、死之所归,或终无所归,化为这第八章,留赠与人间,一如巴赫金动人的名言:“心灵是我的精神赠给他人的礼品。”而昆丁自己,也被卷入他人与自己生活的多重时空,以无尽的回忆和期待,界定了自己。或许是否有可能,这萨德本百里地的故事,亦是他庞大的心灵幻术的造景?而福克纳自己,也始终没有走出《喧哗与骚动》的那个世界。我不知道这里是否有他什么样的隐秘执念,或许他真的太爱这个故事了,他写下这一份注定只能走向失踪的爱(无法入土为安、无法外露于人、无法重生),成为笔下苦熬人物一段无限的悲伤行旅。《押沙龙》的家族寓言因昆丁的玄想而破局,产生空洞,但它与《喧哗与骚动》一起,未尝不再次构成一个大的寓言。在这个寓言里,福克纳并没有诗学正义,你们去乱伦吧,去沉沦吧,我不为救赎作见证。这是身为一个大师的鸿鹄悲愿了。

关于爱的秘密……作为一份苦熬的赠礼。

宫崎骏的生态
——有关《风之谷》

王　植

近来又把宫崎骏的动画《风之谷》看了一遍,仍觉得很是不错。影片故事不妨再说一遍:一千年后的世界,人类科技发达得过了头,终于招致自然的无情反抗,大地荒芜,海洋腐化,为无数巨大昆虫所占领。宫崎骏此片的画风很是触目惊心,那一群群昆虫向人类进攻时的场景,确实让人头皮发麻,也让我想起去今不远的事情——上海的黄浦江为死猪所漂浮占领。环保人士每每遇到此种问题便大做文章,述说生态灾难,人类应该如何如何。的确,生态问题自工业文明诞生以来不绝于耳目,以至于在文学这个行当里,都一直存在着“生态文学”这一从未占据过主流却始终永续不息的类型。

我们在十八九世纪的小说家笔下、在中国古诗词之中看见种种亮丽自然风光,总会心生向往之意,而在这些作者们所处的时代,这种向往未必如今日这般无奈和强烈,我们花很大时间去设计、探寻、想象、描绘出的景致风物，在他们很自然而然地便实现。陶渊明诗曰“日没烛当秉”，太阳下山天黑了就要点蜡烛，因为他不知道为什么不点蜡烛，这是再自然普通不过的事情了，而到了梭罗《瓦尔登湖》(他应该可以称为生态文学的先驱)，点蜡烛却成为一种观念、一种行为艺术——作为对电灯的对抗和对自然的回归。梭罗为了这一点烛光，迈出艰难的一步。而在这一转变的过程中，暴露的是人与自然的关系，从古人之敬畏，历近人之欺骗榨取，到今人之爱怜，而之所以爱怜，仍是人类对自身的未来有所担忧，说到底仍属于敬畏之意。《风之谷》很清醒地叙述出这一点。

而在动画中，宫崎骏为人类寻找的出路，是以最淳朴的人道主义，爱惜自然。乍看觉得很天真，细想之下倒也只有这一条路。但宫崎骏的动画为人类预设了一个重要的前提：科技太发达，发达到没用了，自然发挥巨大威力，把人类科技打回原点。人类在无物可用的状况下，只能激发天性所赋予的一点人道，倒真应了那个词，人何以堪。

梭罗和宫崎骏都认识自然，却不止步于自然，最终关注的还是人间。只不过梭罗把他迈向自然那一步看得太亘，宫崎骏的《风之谷》虽然渗透着无奈，却还是比梭罗走得更远。可以这样说，梭罗推崇一种生活方式，宫崎骏推崇一种感受方式——在一种科技消失的极端条件下，感受人类原初的人道、激情，这在他具有胜过一切的意义。动画主人公、风之谷的公主娜乌西卡，在恶劣的环境里也总是和大虫子们说说话，温柔相待，建立友谊。她在任何时候都不舍得让任何生命受到伤害，她根本没有想过要成为什么榜样，这一切都出自她的本能。对宫崎骏而言，在人性、艺术的原始森林里寻找生命之根的人，比在大自然的原始森林里寻找那所剩无几的根的人，距离目标更近一些，程度也更深一些。念之今日环保人士，犹如昔年梭罗，将文明世界与大自然视为截然对立，何等艰辛地迈出保护自然的一步步，宫崎骏却借助极端的艺术处理，自然而然地就实现了。当然，这是艺术家的高明手法，遇诸现实则另当别论。然艺术之意义，恰在于其独立存在，而不在于可否改变现实。

收光运动
——有关《水浒传》

王 桓

我们有时对死了几百年的人的生平，更容易知道一些细节。

——普鲁斯特《追忆似水年华(第1卷)》

我一直有一个看法，如果一代人的生活没有被恰如其分地描述出来，那就是不存在的；而一旦被某些大才付诸于各种表现形式，那么无论它离我们多么遥远、多么残酷、多么悲伤甚至多么难以置信，都是值得致敬的。如此，相较于专记帝王将相的正史，或者作为文人抒情的诗词,《水浒传》可以看作是古代最早的一次为百姓的大规模描述,它的描述者是施耐庵。我不知道明代的施耐庵有否去过曾在宋代大放异彩的水泊梁山,而无论是把两个时代的水泊分割开来,还是把宋朝之水泊看作是明朝之水泊(甚至是今日之水泊)的一部分,都是可以的。前者还记念着这水泊曾有的辉煌,后者更看到地是人非、天地不仁。

但说到底,那个水泊是唯一的,无始无终的。它有怎样的未来,我觉得是不必在意的。上面两种看法,其实一回事,都是梦的奢华和易逝,如曹雪芹的《红楼梦》,《水浒传》也完全有梦的含义。它带有一种硬朗和苍茫,如沐冬日寒光,而其想象之出其不意,则是我们为之惊奇的梦游。之后我们记下旅途中被激发的梦境与遐想,才发现所游恍惚亦梦。

在所有我仰慕的作家中,施耐庵是唯一一位让我在反复阅读中喜爱上的。他从容不迫而又深切入骨的叙述,为我们唤醒了水泊深处被时光损毁了的容颜。他从聚义、征战之中发现生命流转的奥秘,当然,他的中心是好汉、复仇、报国,还有暮色中荒寒的锦旗——“替天行道”。在他精辟的词锋中,一种潜在的、支配一切的力量缓缓而出,让历史碎化成宋江笔下的“蓼花芦叶”,碎化成历史之法则,花果飘零。

面对中国崩残处,即使徽宗帝的山河丹青、水墨皴笔,在黑暗下也成满目瘢痕。一个“国”字,是“玉”质的心事含在“口”里——这国是文化、山河,好汉们在此寻找自己的立锥之地,“水浒”两个字里,也有年华和生命的意思。那水泊世界里的生命,正是一组不知谁人之齿叩出的寒颤,为这宇宙之广漠而终有孤胆。

施耐庵并没有被生错时代,他对水泊梁山旧时代的描述是遥远夕阳的一束反光,他看着自己如何收尽这最后一缕光线。侠义、征战、报国、生命之音,一切都统一在施耐庵笔下,使若干前世的形象隐隐地浮现出来,而施耐庵正是急切地向它致意,呼唤出它的名字的那个人。

历来饱受诟病的聚义后招安、征四寇的段落,评家多指其啰唆拖沓,语言也失去了光彩。很多回都是以“此一回中,折了多少多少员将佐”作结,然后是一串我们或熟悉或陌生的名单,在那里凸显孤绝颜彩。的确,如果我们死了,我们身边的人就会获得一种结构性的满足,因为这个世界简化了一点点;如果我们之外的谁死去,我们会认为一切都在继续,没有什么被打断。思念仅仅是一种意向,对于好汉们来说,它最终会被我们阅读的意愿所取代。施耐庵不厌其烦地书写好汉一个个地泯灭,相较于后来被金圣叹把《水浒传》腰斩,让卢俊义做了个好汉们被朝廷抓去的梦结束全书,我们乃发现另一种意义:时光以极快的速度毁灭着他们,他们觉醒之日,就是死亡之时。而施耐庵活着,而且正在想象中回忆,他的写作是进行时,而不是完成时,如我在上一段所写的,他走进古战场,看着自己一点一点收尽这最后一缕光线。在我们阅读感到繁琐和倦意之时,施耐庵终于抓住那个无法抓住的世界,因为一切的世界,终究都是繁琐而令人疲倦,而不朽之情感却又蕴含其中。

逐与战

——读《呼啸山庄》

王 植

数年前曾在电视上看过一部老电影《发明家》，讲一位农民一心想解决大车怎样才能不陷入泥中的问题。没有钱研究，就制造工伤，切掉自己手指，以获取赔偿。最后终于发明出为车轮装上履带。他去申请专利，人家午休，他便去影院消磨时间，放映的是第一次世界大战的电影，坦克横冲直撞，原来不仅早有此技术，且已用于杀人了。影片至此而止，当时并未觉得很震撼，现在想来，一个低级文明为了接近、追逐高级文明，不惜启动代价如此巨大的术法，最终只得一个梦境般的结果。但他不能控制自己，却只有极尽可能地去做。

与之相反的是《呼啸山庄》。它确实是世界文学的异数。我十五岁初读此书时几乎是读不懂，而后每年重读一遍，每一遍都筋疲力尽，其爱情描写的异质、饱满以及繁盛到骨子里的野蛮，一切都好像突然出现在那个浪漫尚未褪尽的时代，毫无预兆可言。而作者艾米丽的迅速陨落，更证明这部并不算长的小说是以文字速度的缓慢和生命的沉潜为代价的，文字中积蓄的精神力量之巨大，在世界小说史上也是极为罕见了（与她同时代的陀思妥耶夫斯基同样具有这样难得的独特之气，但陀氏远比艾米丽长寿，让他有时间写完一大堆长而又长的杰作）。

《呼啸山庄》前半部（姑且把凯瑟琳之死作为界限）的世界是一个极限的世界，人物在其中迅速燃烧，迅速消散。凯瑟琳只活了十九岁，其兄辛德雷二十七岁，后半部里其子林惇也只有十七岁便告不治（遗传？）。而夹杂其中的，是主角希刺克利夫与凯瑟琳发自内心的爱情，历历如绘（确实震撼感人）、种种疯狂的事件、乃至一种对疯狂的黑暗式的召唤，精彩至极，却也因此造成阅读的挑战——似一种拉锯式的缓慢。而到了后半部，却变得意外地易读，而与之相应的，是第二代再无第一代的野性，他们或体弱（如林惇）、或不识字（如哈里顿，辛德雷的儿子），谈情说爱也是矫揉造作、小打小闹（如凯蒂）；人变得更为文明（激情被耗尽？），生存得也更加容易。第一代再激情野性又能怎样，终为文明所消解。但是希刺克利夫还没死。这是个天生就代表着野性的人，似乎其使命就是与文明对抗，他用破一生的时间，进行他的“复仇”——复昔日文明放逐他之仇。他同样启动庞大的术法，对他的仇人——除了昔日恋人凯瑟琳以外的任何人（甚至他的儿子），施以沉重的精神戕害，而当他最终发现儿子林惇和凯蒂（凯瑟琳之女）的青涩初恋——那透露着矫情、美好和甜蜜，是文明人的爱情，为他不能忍受，他乃利用同样只有文明才有的欺骗，让儿子把凯蒂骗到呼啸山庄，禁足五天四夜，夺到了仇人们的财产，又让文明之爱显示出其脆弱、丑陋不堪之一面，反败为胜。但是胜利是暂时的，由文明取代野性已是不可逆之势，即使这个文明也变得虚伪，爱情不再拥有钟情，却反而更为真实，只是希刺克利夫的术法既已启动，便无法停下，除非死神降临，打破这一过程。在他死之前，他发现他要折磨的凯蒂和哈里顿的眼睛，都是昔日恋人凯瑟琳的眼睛。而他想到的，应该是那是在幼年的那个夜晚，凯瑟琳对他说："跑吧，希刺克利夫，跑吧。"

简·奥斯丁的冬天

王　植

小说应该展现我们行为的轨迹。

——电影《成为简·奥斯丁》中奥斯丁台词

美国一家出版社几年前出版了一部奥斯丁小说的研究专著，作为政治学教授的作者认为奥斯丁在其六部小说中运用了将近五十种策略处理其角色之间的微妙关系，堪称史上第一位博弈论的大师。作为奥斯丁小说的喜爱者，我当然希望此书能尽快译成中文，看看已经足够辛辣睿智的奥斯丁还能辛辣睿智到何种程度。

小说家用两种方式与读者交流：在小说之中与在小说之外。而笔中带刺的奥斯丁可谓是既在小说之中，又在小说之外。由安妮·海瑟薇主演的电影《成为简·奥斯丁》就为我们展现了奥斯丁真实的人生——既有与笔下小说相类似的爱情经历，却又没有分享最后甜蜜的爱情之果。而与其说奥斯丁的小说是以爱情为主，不如说是以婚姻为主，因为在她的笔下，好人、虚伪的人、爱情、亲情、友情、讽刺、交往、经济、家庭，最终的目的都是为了一段婚姻。而且这个婚姻可以不美好，爱情可以不存在，婚姻追求的不是美满，是光耀。

奥斯丁在其最后一部小说《劝导》中揭露了夫妻之于相互的意义："一位真正通情达理的女人可以改变他的性格，他会变得更加庄重，他的习性和追求会更有意义，更合理，更高尚。"的确，奥斯丁大概是世界文学史上最执着于书写婚姻的大家，这或许可以解释为奥斯丁在弥补年轻时爱情缺失，终身未婚的遗憾，毕竟她的故事，有不少是活泼年轻的"高富帅"和待字闺中的"白富美"之间的爱情。而放诸于时代，我们当可以很清楚地看见其时的婚姻具有一种目的性，是一种生存的目的。(如遗产只能由男子继承，女子只能依靠男子。)奥斯丁的小说开始都给人空旷寂静的感觉，随着故事上演，熙熙攘攘的人群便摩肩接踵地到来。在这些人物的行为轨迹中，奥斯丁开始了她的讽刺。她把相互对立的事实摆在一起，使人开怀大笑或者会心一笑。而在这种故事的持续中，我们感到阳光、空气、水不仅是生命的必要条件，而更在为最终的目的——婚姻，制造着表达各种不同的人、不同的因素在同一舞台被充分展现，外面更广大的世界终结了，世界不再是远方，它的尽头就在家门之外，就是婚姻。

由于奥斯丁对婚姻描写的执着，曾有人赞她是属于所有世纪的小说家。从某种意义上说，她透过婚姻这一人生大事，的确比我们更多地了解我们所处的这个世界，它在更低的地方运动，更粗糙，也更自由。有时，我们像是奥斯丁的孩子，在她的小说中看到并直面我们自身最直接的痛苦、我们自身各种异想天开的念头。似母亲的她俯视着我们，她的种种讥嘲，不是她想讽刺，而是她愿意去讽刺。母亲是永远会原谅孩子的人，但她未必是最理解孩子的人。在奥斯丁的小说中，种种孩子可能体会到的一些最深刻的情感、瞬间，在母亲的呵哄下隐匿了，而孩子愿意享受这种隐匿。这位终身未婚的"母亲"，已经走过那段婚恋失败的人生之冬，而放诸今日，婚姻也已不再为所有的孩子所吸引，甚至是逃避。复杂的现实超过母亲的想象，深刻的情感超越着母亲的哄爱。奥斯丁为我们展现婚姻的迷雾，而今日，那片雾将散未散，冬天——无论是母爱的，还是婚姻的，却真的要来了。当然在情感上，我们希望这个冬天是暂时的。

我可能不会爱你

——读三毛《撒哈拉的故事》

王 宁

一本书，一部剧或是电影，如果能引起无数人的共鸣，那么它必定是平凡却准确地深入到你的内心里去。看着它的时候，惊讶地发现这与自己的生活如此贴切，便唏嘘感叹。我们渐渐远离了偶像剧，是因为岁月已经流逝。每当感叹那句"是啊，我们都大了"便是与过去那些稚嫩的时光挥一次手，然后彼此越走越远。曾经那些一触即破的情绪被装入了外壳，很难再动容。

因此，感谢我可能不会爱你，让我们时不时仍有机会把这些旧日情怀拿出来晒一晒，然后再小心翼翼地把它细心收藏起来，继续往前走。

打动我们的究竟是什么呢。太多了吧，多得数不清。即使如今离自己三十岁的日子，还有远远的十年时间。可经历的事，拥有的心情，总有重叠。

刚刚看完三毛的《撒哈拉的故事》，她过的生活，就是我想过的生活吧。感动于与荷西的相惜相知，所以，这部剧最打动我的地方，是李大仁和程又青之间与三毛和荷西很像的情意。收拾行囊去沙漠，在所有人都觉得是疯了的行为时，只有荷西默默带上行李先去沙漠里找了工作，在那里等三毛的到来。他知道这是你的梦想，是你必定要去走的路，所以他支持你，走到你的前面探好了路，好照顾你，在以后的路与你并肩同行。有谁能不感动。

人这一辈子，如果有这么个人，如此靠近你的灵魂，便再无遗憾了吧。然后，从此山高水长，情深义重。

记下一段话：两个人在一起，不能两个人都喜欢唱歌。有人喜欢唱歌，就要有人喜欢伴奏。婚姻不是要用让的，你能让一次，但是你能让十年，二十年，甚至一辈子吗？幸福美满的婚姻，不是让出来的，是要从内心里面这样发出来的感受。所以，两个人结婚前，是你要想清楚，不是要你想清楚你有多爱那个人，而是要你想清楚你和那个人的日子会过成什么样子。

非常记忆深刻的一段话，简简单单，朴朴实实，却意味深长。我们离结婚太遥远，但总是做感情的旁观者，也见证了很多感情的开始到结束。慢慢便会觉得，理解和宽容，才会让爱更加长久。

剧中的小话剧里有这么一句话："拥有，便是失去的开始。"或许有的感情真的如此，你静静地看着，比走近占有要好得多。有些东西，一旦所属，便会很快失去。可也并不是全都如此，程又青在剧里说："其实认真去面对每一段感情，一定都会有收获。"所谓的收获，也许是快乐，记忆，甚至是婚姻。就算最后的结果是再见，也还是有一种收获——认清我们自己。想爱就去爱吧，就算失去，也不是全盘皆输。

对朋友，一路成长的互相见证，彼此珍惜。

对家人，彼此的默默付出，真心爱护与关怀。

对爱人，彼此的心灵契合，懂得和知晓。

对生活，就如三毛所说，我唯一锲而不舍，愿意以自己的生命去努力的，只不过是保守我个人的心怀意念。在我有生之日，做一个真诚的人，不放弃对生活的热爱和执着，在有限的时空里，过无限广大的日子。

闻香识女人
——读《沉香屑第一炉香》

邢静宜

请您寻出家传的霉绿斑斓的铜香炉，点上一炉沉香屑，听我说一支战前香港的故事。您这一炉沉香屑点完了，我的故事也该完了。

是啊，葛薇龙的故事完了，那个时代的香港故事完了。在这残留的袅袅余香中，你能闻出这又是怎样的一个女人，怎样的一个故事呢。

身旁没有霉绿斑斓的铜香炉，也没有年代久远的沉香屑，只有一盘蚊香，暂且把它当作一炷香点着，再次来看这个令我喜欢又沉默无言的故事吧。

看到她写："见了他，她变得很低很低。低到尘埃里，但她心里是欢喜的，从尘埃里却开出花来。"为她痛心，想坐在她身旁，给予无声的安慰，但又觉得这般凉薄的女子是不需要任何安慰的，她坚韧如磐石，带着敢爱敢恨的疯狂，即使粉身碎骨也要死得壮烈，无须任何同情和怜悯。

起初只是因为喜欢沉香屑这个名字翻看这个故事，但香一旦点着了，就无法抽身离去了。一汪深潭，一池泥沼，越陷越深。

在葛薇龙和乔琪这里，爱实实在在可以与上当画上等号，只不过，这并不是一个双等号罢了。台上的人在演戏，我们这些看戏的人被扯着心，木偶戏，演戏的是木偶，可真正的木偶是谁，是我们这些浑然不觉的观戏人。更甚的是，我们看到这样一幕女子心甘上当的戏，直恨地要跳脚，在一旁咬牙切齿。这时换成女子浑然不觉，可也并不是真正的不知晓吧，故事最后她说的那一句："怎么没有分别呢？她们是不得已，我是自愿的！"自愿的！看，多么清醒自知。

她说着我是自愿的，她说着我爱你，关你什么事？千怪万怪，也怪不到你身上去。她说这些的时候带着怎样的表情呢？或许该拍一支烟，吞吐之间悠悠道出，我爱你，是我自己的事，我爱了便爱了，结局后果都不要你承担，你只要被我爱着就好。是这样的洒脱不羁么？为何我只觉得在这样看似潇洒的语句中包裹的只有刻骨的悲凉，是深知结局但不愿挣脱的无可奈何，所以对自己说，算了，认命吧，就这样好了，或许我只是把情况想得糟了些。就在这栏自我否定与肯定的反反复复中，结局便来了。

法国的加缪在《局外人》中借默尔索之口也说过类似的话："我爱不爱你，是我自己的事，与你有何相干？"比张爱玲的葛薇龙更强悍、霸道，其实，如果你细细品读，在这所谓的强悍与霸道背后，显现出的恰是现代人的脆弱与悲哀。张爱玲在说，我不想爱，却不得不爱；加缪则说，我想爱，却无能爱。因为，《局外人》中，默尔索还有一句更诚恳的话："我发现我身体内的欲望常使我的感情混乱。"爱，人类已经历了几万年，却仍然给人谜一般的诱惑。

杜拉斯说："在男人与女人之间，是虚幻想象最具有力量的地方。"我们尚且年轻，有足够多的时间去更深刻地触摸。只是如今觉得，跳火坑的男男女女都是甘愿的，那为何仍有那么多的抱怨咒骂。因为我们还是在求着回报的，哪怕心甘情愿。

戏散场，满地的瓜子壳，空气里残存着那悲浓的叹惋，不用多言了。开始亦是结束，结束何尝不是开始。故事和现实一向形影不离，这场戏，仍会持续上演着。

只是太过浅薄的感触罢了，伴着这快烧完的香，和窗外厚重深暗的夜色，这个女子已经渐行渐远了，待你闻香识得她后，安然入睡吧。

行走在迷宫中

邢静宜

刚刚又一次翻完陈坤的《突然就走到了西藏》，这是第四遍。文字就是这样，温故知新，它不是静止的而是流动的，随着你自身的变化而变化，在这看不见的时间长河中缓慢流淌，一遍又一遍地刷洗你的心灵。

书的主题是：行走。不仅仅是身体力行，更重要的是灵魂的行走。谁的一生不是在行走呢，不论是小时候被大人牵着小心翼翼地迈步，还是青春年少甩开父母的手急冲冲地往前窜，甚至是年岁渐长终究稳步下来，银鬓皱纹皮囊下颤颤巍巍地踱步，我们这一生，从未停下来过。同时，在这比万里长征还要长几百倍的路途中，我们都逃不开要不断地面对这样的问题：要怎么走？走到哪里去？走得是否心甘情愿乐此不疲？走得是否无怨无悔问心无愧？

在走过了人生中大概四分之一的里程中，见证了很多同龄人的路程，看到我们大家从不知道该怎么走，从同一个地方出发、跌倒、碰撞、后退、转向，因为年轻带来的无数个路口，无限的可能，也伴随着无数的挫折困难、欢笑泪水。而今，有些人早已经分道扬镳，而有些人仍然同路，说不定告别也就在下一个转角，人生太无常。偶尔幻想腾云驾雾能跳出这个格局，换个角度来俯视我们走的路究竟长什么样子。得出的结论是，那肯定是一幅迷宫图。七横八纵，眼花缭乱，即使打算着从一开始一条路走到底，到了中间手指也不知道划到了何处。

在做倾听者的时候，感受到最多的是迷茫，没有方向的迷茫，有了方向却没有动力的迷茫，安于现状的迷茫。而恰好很有趣的是，这些迷茫是没有人可以帮你的，所有的问题都没有标准答案，甚至没有答案。

“哎，我好像对什么都不感兴趣，又好像对什么也不排斥。”

“我也不知道自己喜欢什么，想做什么，现在这样也挺好的。”

“平平淡淡才是真，我不要那么累又忙碌的生活。”

“这样没有起伏的生活很没有意思，我喜欢的是有挑战的。”

这些疑惑或者是对自己方向的定义，都有听过，因为没有办法给出答案或者做出反驳赞同，便仔细记录下来。人生的迷宫很奇妙，它很仁慈，不管你选择哪条路，都可以一直走下去，或许在你觉得已经绝望到如坠深渊时，深渊下就会有出口通向另一处。然而，它也很残忍，因为没有死角，那么必然会有人一直走到生命的末端才恍然觉得所走的里程都毫无意义。在游戏的迷宫里迷了路，可以踌躇几日后去翻找答案；而在人生的迷宫里迷路，或许几个月，几年，十几年你才能重新找到方向，或许一辈子你压根就没察觉自己迷了路。行走在这样的迷宫中，迷失自己是最可怕的事情啊。

没有结论可以下，也没有答案能够给，那些错综复杂的疑问和太空失重般的迷茫，或许只有时间能解决。而你要不停地走，不停地走，时时刻刻去思考和探索以不断调整行走的方式和速度，最终时间会带你走上最适合你的那条路。

“当你开始学会往前走的时候，你生命中所有的遗失，不能弥补的缺憾，都变得不那么强大。它就像云朵之于天空，稍带滑稽和无所归属的样子滑过，从来不曾因为它而改变天空的蔚蓝。”

所以，你想好怎么走了吗？

一万年太久，就现在
——关于周星驰的电影

邢静宜

周星驰的电影，一个专属词来形容他的喜剧电影：无厘头。在这样的电影面前，就别端着了，把所谓的文艺范统统扔出去，别动脑筋，就简单地放开了笑好了。在他的喜剧面前，不要来煽情，不要一颗破碎的心，不要高尚的贞操节操。都是千年的狐狸啊，谁跟你玩聊斋？

但是，他让你看着看着，笑着笑着，就哭了。只有它，也只有它能让我看一遍又一遍，重复到不记得看了多少遍，每一次看又有不一样的感受，每一次看又会在同样的地方落泪。

喜剧片是电影无数分支的一个小枝节而已，周星驰的电影是喜剧这个小枝节的一个部分。但他带来的笑就是不一样。笑就像是一颗糖，别的笑是一种口味的，是全心的。他的不是，他的笑的口味是混杂的，是夹心的，一开始甜的不行，慢慢融化了才尝到里面的味道，是苦的。甜的加上苦的，那应该是什么味道？像洋葱？不，太老土了，是像切糕，切着切着你就流泪了，原因你懂得，这时候想不要，想跑了，你真天真，真无邪。

还没忘记紫霞仙子刚出场撑着竹竿从芦苇丛里出现，她摇晃着手链明艳地笑起来，她嚣张地给至尊宝盖章宣告，被拒绝的一皱眉，被一万年的誓言感动地落泪，在最美好的年纪遇到最适合的角色，是演员最大的幸运吧。那时候的周星驰，没有那么多扑朔迷离的新闻，也没有皱纹和白发，就是一位帅的风流倜傥的少年。搞笑也好，煽情也好，拈手就来，一点也不刻意。

大话西游的台词每个人都快要背出来了，那段一万年的誓言也已经从最初的谁说谁就在示爱谁就会被感动，发展成现在谁说谁是在搞笑，笑的梗也太老了，大家都不屑笑。

我爱你，一千年，一万年。谁信啊？我们连一百年都活不到。不要去拉长时间的长度，加宽爱的范围，加深爱的程度，这太假。

一万年太久了，就现在。还去期盼什么万年，就此时此刻，这一分这一秒，至于爱到什么时候停止，就别去问了，人有时连七年都熬不过。

生活的细枝末节那么多，谁又有空陪你在这演话剧？大家都忙，忙着赚钱，忙着工作，忙着各自大神的考试，你这时候看看自己那心思都不好意思了。你要是拽着朋友去借酒消愁，喝醉了哭着喊着那谁谁我怎么就这么爱你，估计旁边的一圈人早就快笑死了。看，这就是现在了。谈深情都成了一件搞笑的事。

那这样好么？什么都是高速度，矫情文艺会被鄙视的，我们要做的是励志、理智、清醒。其实也没有什么好不好，自己觉得开心就行。只是偶尔也可以给自己一个矫情的机会，又不丢脸，丢脸就自己给自己失忆。即使走得再快，再多，也始终是走在生活的路上，要走一辈子的，也偶尔换个模式，不然人生多了无生趣。曾经痛苦，才知道真正的痛苦；曾经执着，才能放下执着；曾经牵挂，才能了无牵挂。

很早很早就想为心里独一无二的大话西游写点什么，正好看完西游，来怀个旧而已。今天看到的北岛的话还挺能概括的："世界小得像一条街的布景，我们相遇了，你点点头，省略了所有的往事，省略了问候。也许欢乐只是一个过程，一切都已经结束。"

《丰乳肥臀》
——一部震撼人心的女性悲情史

王秋瑞

与《丰乳肥臀》谋面时还在高中，小说的名字与封面把我吓住了。上了大学，又一次和它面对，在享受与煎熬的交替中读完了它，母亲的伟大和悲哀留给我至深印象。

小说叙述了长达一个世纪的历史变迁中的悲情史、苦难史，以动荡年代为历史背景，时间跨越从清末民初到抗日战争到国共内战到新中国成立再到改革开放。其中女性的悲惨命运成为书的主导，通过上官鲁氏凝重悲惨一生的刻画，客观地展示了母性的光辉、人性的阴暗和那个特定的历史时期下女性无法言说的悲哀。

上官鲁氏的九个孩子都不是丈夫上官寿喜的：丈夫没有生育能力。在结婚的前三年，母亲受尽了来自婆家的凌辱与非人的待遇，为了获得正常的生活和像人一样的待遇，母亲选择了那样一条惹人非议的道路……上官鲁氏的悲哀在于，她生在世俗生活中，对那些特定的条条框框，她没有一点的反抗余地。

母亲这棵苍老的树，在恶劣的社会环境下强力支撑着满树的飘摇，残枝败叶般纷纷坠落的叶片萧瑟了整整一个世纪，即使在她可触及的目光里没有一线光亮，在她的现存意识里没有半点希望，她也要撑开树的手掌托起压在她身体上的生命之重，直指天空，寻找着活的源头。正像莫言在前言中说的："我希望用自己的书表现出一种寻求救赎的意识，人世充满痛苦和迷茫，犹如黑暗的大海，但理想犹如一线光明在黑暗中闪烁。其实每个人都在寻找自己的上帝，有的人的上帝在天上，有的人的上帝在自己心中。"而母亲上官鲁氏内心的救赎意识就在她的心中，面对着婆婆的蔑视、侮辱性的对待，她没有抱怨；面对着无能丈夫的暴打和虐待，她没有哭泣；面对着这个风雨飘摇的破败家庭，她没有弃之不顾，一走了之。上官鲁氏以强大的生命力、顽强的生存意识、闪耀着母性光辉的无私支撑着那个摇摇欲坠的家庭，在我看来她的悲哀命运也就是一部可歌可泣的悲情史。

在这个世俗的社会，我们永远没有可能超脱于外，要么适应要么远离，但是又有谁能真地远离世俗呢？在当今社会，或许像陶渊明那样淡然超脱、远离世俗已经不可能，但我们应该尽自己最大的努力追求人性的真实寻求自己的救赎。那些生存的压力，生活的苦难，每个人都必须面对，一开始就选择逃避的人，他注定会失败。生活路上最重要的是要耐得住寂寞、熬得住孤独、承得住压力，总有那么一段路是你一个人在走，一个人坚强和救赎。人的一生没有过不去的坎，跨坎的源动力在自己……

理解与爱
——读《茶花女》

王秋瑞

如果要我在一个放浪的女子与一个矜持的女子之间做出选择，我会毫不犹豫地选择第二者。但当看到《茶花女》时，我的心为之震撼，我没想到一个需要用金钱来浇灌生活的妓女会让人觉得她的爱如此坚贞。玛格丽特的生活，我不知道该用什么词语来形容，或放荡，或精彩，或悲惨，或深刻……或许我们不应该再用世俗的眼光，而是用爱与理解去衡量一个心灵如此纯洁、对待爱情如此真诚的妓女……

在一个阴冷潮湿、没有阳光的墙角，颤颤巍巍地钻出一朵风雨飘摇的茶花，腐朽是它的补给，糜烂是它的养料。然而，这茶花却比别的任何一种花都美丽，它美得脱俗，美得风华绝代，美得如痴如醉。可凡是花都是向往阳光的，努力、再努力一点，在茶花碰触到阳光并因阳光的滋润而娇艳欲滴的那一刹那，无情的风折断了花枝，让它又倒在了阴冷的角落，最终无力爬起再去触摸那触手可及的阳光……

玛格丽特是可怜的牺牲品，为了别人的婚姻，为了别人的门楣，为了别人的美好前途，当然，也为了满足这个世界偏执成见的欲望，就是没有她自己。这之中，谁对错，谁毒辣，谁纯洁，谁高贵？这个世界，本就充斥着欲望和权势，无论如何，没有满足，没有尽头，没有终点，没有极限，像极了无底洞。

我一直很想知晓，玛格丽特在先前的穷奢极欲中到底体味了什么。是掩饰内心世界的空虚，把自己沉沦进另一世界来搪塞自己麻痹自己，还是自己一直怀揣着被守护的期待？很多时候，我会误以为她就是喜欢并且享受这种生活的，既然走上了这一条路，便丢失人格和尊严，荒诞下去又何妨。又可能，她后来厌倦了？玛格丽特，后来为了爱情，心甘情愿地放弃之前所拥有的这一切，她的爱是真诚的，但是伟大的吗？

也许，开始很多人追求的爱仅是过程，但是当爱已被占有，那一种淡淡的忧伤会占据心的每一个角落，渐成墓冢的吧？

这一次却又不同，玛格丽特和阿尔芒是真的相爱，刻骨铭心，最后他们的爱情却因世俗的成见而夭折。

这些，不再是悲哀，而是结局。

我只能说，她没有同时代作斗争，不是她没有勇气，是没有资本。她没有将阿尔芒的前途作为与时代抗争的资本，也没有将阿尔芒妹妹的婚姻作为下注的资本，更没有将两人脆弱的爱情置于风雨飘摇的世俗大潮中的资本。

在这里，玛格丽特是真诚的，她获得了爱情，也赢得了尊重；当然，不容置疑，也成了时代的牺牲品。

但是我想，玛格丽特是不需要同情的，她需要的只是理解和爱。

感谢小仲马塑造了茶花女这样一个可悲却又可敬的美丽女子。然而，希望那已死去的花朵再次从泥土中萌芽、重生的时候，远离那阴暗的墙角，能每天和阳光为伴，即使不再那么美丽，也不要重复前世的无奈和悲剧……

我们可以为书中的爱情感动，可以为书人的情节而悲伤和惋惜，那为什么不能用一颗宽容与爱的心来面对世间真实的生活与人物呢？生活当中也有太多如玛格丽特这样的女孩，难道我们就不能够用对待玛格丽特的态度去关爱、理解和帮助那些被迫生活在深渊之中的女孩子吗？我们又为何要用有色眼镜来对待她们呢？她们也是人，也同样渴望爱与被爱，也许她们也有和玛格丽特一样的困境与无奈啊！

西伯利亚的牧羊人

——由《死屋手记》想到的

段 歌

列夫·托尔斯泰及其作品如同列维坦笔下的俄罗斯风光，宏阔深远而旖旎浪漫，创制史诗的宏愿里终荡漾着贵族庄园主的轻逸精雅之气。与之相比，陀思妥耶夫斯基则毕生以精神苦行者的形象，用他黧黑的笔触似冥冥咒语为众生的皱纹与泪水祈祷，他是《圣经》灵旨的参悟者与传承者，是初埃及时的领导者。

陀思妥耶夫斯基早年作品如《穷人》已将目光锁定于中下层社会，通过写实而略带柔婉讽刺的语言，他那如赤子般真挚细腻的同情心十分通透地展现在文本间。而真正深化此感情并带给他的风格巨大转折的应是他因参加民粹派活动被流放到西伯利亚的事件。这段经历让他的视界不再仅仅附着在声色犬马的俄国大都市，不再以贵族知识分子的眼光观察社会，而是聚集在遥远苦寒的西伯利亚——与铺缀过盛完全隔离的陌生的世界，周遭生活给了他心灵震颤与觉醒。同时，我们不能否认，虚室生白，寂静单纯的生活更有利于个体摆脱政治思潮纷争，遁入孤独的沉思，寻求个体及群体命运的出路。

陀氏结合自身流放经历创作的《死屋手记》，以日记随笔的形式对西伯利亚监狱中众多苦役犯进行写真。他们来自不同地域民族，有着各自颠簸动荡的人生经历，在这样复杂危险的环境中，艰难地游走在横纵人际关系中，以谋求生命的延续。监狱不仅在外在禁锢肉体，同时又成为销蚀心灵折磨意志的象征。然而，作者告诉读者：生命在遭受外在强力后，往往会转向内心，表现出更为柔韧原始的抵抗力。诸如为得到少量卢布而顶替别人服刑的苏希洛夫、以癫狂的宗教礼仪保护自己讪笑命运的犹太教徒福米奇、性情暴戾以酒精麻醉自己的卡津等等。作者悉数描绘出了人性中潜藏的高贵、懦弱、自卑与残忍，他没有否认这些人品性的善恶优劣，却平静地宽恕了这群苦难的人们，因为这些弱点都是基于个人对生活单纯的理解，都是这些贫民经历沧桑后的悲酸慨叹，甚至作为反面形象的监狱长官们，在作者眼中，也是匍匐在官僚体制下人性悖谬乖违的可怜人。

遥望西伯利亚那森绿寒凉的雪地，大理石般的月光，谛听死寂荒原中传来的幽微牧歌声，这一切都充满了神话般的诱惑力，向监狱中失去自由的人们滚滚袭来。夏天，他们在额尔齐斯河畔舔舐忧伤、憧憬未来。那些逃亡犯们只是想要“改变命运”，重新体验风尘如烟的江湖生涯。他们放飞一只伤愈的苍鹰，欢喜而惆怅地说：“啊，它自由啦，它已经感觉到自由啦！”面对教堂的圣像与明灭烛光，他们同样虔诚忏悔。日日乌烟瘴气，实则那永不能停息的流浪之心暗自滋蔓。作者把这群朴野乡民的心理凝结为一首清湛渊深的散文诗。他们不过是俄罗斯平民社会的缩影,也是俄罗斯民族奔肆又隐忍心理的体现。

赫尔岑曾经评价本书:“这部作品将永远赫然屹立在尼古拉黑暗王国的出口处。”事实上,当帝国制度绵延已久时,制度也会深入人心成为醇厚的社会风尚。陀氏实则在探讨“原罪”。生亦何惧,死亦何欢,罪恶与善良建造了生的十字架,人人被命运囚禁,又固执追寻彼岸自由。我们漂泊在路上,自己就是那一去不复返的往事。陀思妥耶夫斯基驻扎在西伯利亚,在忧郁的宗教情怀中,启示全人类命运,他在生的荒野上游吟放牧……

浪漫主义文学的表象与本质
——关于《海上劳工》与《巴黎圣母院》

段 歌

雨果的每部小说都散发着法兰西独有的那种健硕丰腴的气息,市井中人、江湖过客、碌碌小民,无一不在他笔墨的印痕中展现狡黠的笑容、亮出凌厉的剑光或是淌下爱恨交织的泪珠。这或许是迂腐的学究们赋予他的“浪漫主义”称号的原因吧!一个城市的阜盛总包容着贫民、流浪、异教等诸多光怪陆离的元素,神秘的吉卜赛少女艾丝美拉达出现在声色迷醉的巴黎,从此便与11世纪古铜色的哥特式建筑巴黎圣母院和钟楼怪人卡西莫多结下凄美姻缘。同样,在《海上劳工》里,雨果赋予格西恩岛的景色以麦克白式的戏剧性效果:抑郁的天空下是瘦削的碧灰色海水,拍击着拗峭坚硬的海岬巉岩,藤蔓附着了寥落崎岖的小径,中古的时光孤静流淌。雨果那种丰厚浓稠的色彩感和宗教意识似乎是与生俱来的,他的作品便因此挥洒出天地无涯之感。

1866年出炉的《海上劳工》在这种浩荡胸襟的基础上,沿袭了激扬人性中“真善美”这一传统主题。青年吉里亚特因其母亲孤身徙居格西恩岛的特殊身份而被视为怪人,他离群索居,暗恋着当地船主的女儿黛吕西特。年轻人之间那些纤细轻柔的眼神暗语逐渐繁殖成内敛性和爆发力极强的爱情,以至于当船主想尽办法百般阻挠时,二人反而奇招屡屡,遗憾的是由于二人之间的误会,黛吕西特最后与神甫结为连理,而吉里亚特在目送新婚燕尔离去后沉海自尽。他消融于茫茫蔚蓝,消融在了由传言和猜测构筑的魔障里,令人唏嘘不已。所以,与其说《海上劳工》与《巴黎圣母院》《悲惨世界》成为雨果的三大著名长篇小说,不如说是吉里亚特与卡西莫多、冉阿让这三个其貌不扬的主人公成就了雨果浪漫主义文学大师的盛名。雨果钟情于塑造那些身世畸零、命运偃蹇而又心地善良的下层小人物,力图实践他的滑稽丑陋与崇高美好的对照原则,他们置身在无情的社会洪波中，其人格的高贵更能被昭彰，其遭遇更具传奇色彩，文本颇有骑士文学遗风。然而，如果仔细斟酌，则会发现，在某种程度上，与1831年写成的《巴黎圣母院》相类的《海上劳工》实有欠佳之处。

虽然吉利亚特与卡西莫多二人处境遭遇相同，性格中都有各自的局限性，但是吉里亚特的自沉不仅是种沉重的感伤，更留给读者讶异愕然。文本里吉里亚特始终是一个默默无闻奉献的英雄，他的一举一动都可用智慧、机敏、稳重等来形容，他的自我牺牲也越发凸显了精神高大，却无意中消解了人性的复杂一面，压缩了黛吕西特与神甫的形象，从而使浪漫主义那瑰丽奇幻的特质失去节制，破坏了文本的真实性。积极浪漫主义以浓墨重彩去夸张美丑善恶从而赞美人性的高贵，但如果单纯停留摹刻和崇拜这一阶段，不能探索一条从人性之恶酿制美的途径，就有沦为单薄片面的风险。对比那沉醉于患难爱情的钟楼怪人，他的隐忍、懦弱、无知与勇气、忠贞构建了一个立体的卡西莫多，最后与爱人相拥而死，在墓穴无边黑暗中释放出压抑已久的情欲，这毁灭本身就是一种美的爆发。

意欲在放大表象与本质的矛盾同时寻找叙述上的连接点，本身不易。这也正是《巴黎圣母院》的优秀之处——于紧张乖诞中寓隽永绵长。而《海上劳工》亦足以让读者感受表象与本质行将断裂的累卵之感。

追忆温婉

——J.A.D.安格尔与古典

段　歆

只有烟波浩渺、风清月凉的月色，才能孕育温婉。温婉是只属于农耕、海洋时代的文化性格，蔓延在维吉尔的田园诗行间。当然，尽管万古如斯，却总有一些追忆者，在危机感日盛、人人惴惴不安的时代里，脚踏大地、聆听初始脉搏。

安格尔，面对19世纪咄咄逼人的钢铁机器和狂热革命，面对炙手可热的浪漫主义艺术，却一袭简约长袍，安坐于法国新古典主义的蒲席上，与菲狄亚斯和米隆共饮醴酒，散发着落落大方、沉稳深挚的贵族气息。与当时浪漫主义绘画着力以晕染光感和铺张色彩为技巧的裸女油画不同，这个内心苍古的男子拒绝诱惑意淫，偏爱时尚的热焰熄灭后的灰烬。虽然历史永远妍媸万象难以品题，然而正是这看似枯槁忧郁的理性却可以接近历史的真心。

安格尔蹀躞在简洁的几何形体和线条中，如同重返古希腊王子忒休斯在米诺斯迷宫的摸索，一路构筑人类童年时代混沌与觉悟交织的心灵版图。在水流潺湲的《泉》中，他把这纵深性的轮廓安置于典型的意大利式风景中，也留存了自我的追忆情怀。泉风呼应，晦暗幽邈的林木又如此轻盈空灵，蓊郁的迟缓与疏朗的袅娜制衡，似有密语欲言又阖，正是犹抱琵琶之雍容内敛的风致。风景也许是饱含情绪的神话喻体，是伊甸园——文明的初级地带。而夏娃，已然反抱古拙陶瓶，温凉的泉水落地无声，濯洗着这女子白瓷青玉般透明的胴体，她的赤子眼波激荡起的涟漪传递到了人类遥远的婴孩年代。于是微波奇岚，山水相融，一框清明。女诗人萨福寓居莱斯沃斯岛时创建女子学校，柏拉图有柏拉图学院，人类这种自我陶醉的派别谱系之分也许恰恰透射出对于精神乐园的营造和维护。虽然有人批评温克尔曼对古希腊雕塑的评价"高贵的单纯，静穆的伟大"过于片面，但安格尔晚年的《泉》，仍以裸露直白的表征，呈现了这古典精神中最清高脱俗的一面。

画如其人。先前，这位书斋里的学院派画家还是羞涩的，这也许是古老的神秘主义的影响吧！他曾经轻轻地隔着宫廷浴室乳色的水雾，只画瓦平松浴女的裸背，点点碎光是松节油、是蛋清，稀稀薄薄而无限暧昧地凝固在这庄重雅致的胎体上，中国古典诗"微云淡河汉，疏雨滴梧桐"正切中这份蕴藉柔和。须臾之间，无多等待，安格尔借助清远意境揶揄滥情的浪漫主义，却无意中达到了自我理想与古代爱情的一线际合，那一刻风光虽宁谧，但哲思躁动。

事实上，很多画作的情调及画家本人内心是有广博的吸纳性和亲和感的，他们选择宽容世人参差的欣赏力，人头愈攒动意气愈风发，譬如提香笔下的南欧鲜花轻罗薄裳韶华少女，是一汪潋滟的辉煌蛊惑世人浴满熔金。而沉静古澹的安格尔只拥享小众，见素抱朴，少私寡欲，那种近类于固执的排斥、克制与寂冷，只能为纯正的传统所领会，只能以镇定的心智所涵咏。所以即使他的题材略显瘦小狭窄，也能安步当车，将物象幻化为抽象思辨，直击神性与人性的沟通点，冲淡而不平庸，温婉而不纤弱，这种叙说深邃的双性气质也许正是文艺复兴那虚假的复古与新古典主义洞彻过往理想的霄壤之别吧！

是的，即使昆山玉碎、凤凰泣露，多情而踏实的追忆者们也秉烛点妆、琢刻诗歌、述说本质，令真实而富有质感的古典在温婉中纡徐展开。

呼啸的弥撒

——读《呼啸山庄》

段　歌

英国女作家艾米莉·勃朗特和她的《呼啸山庄》，游离在现实与梦境、静穆与激越的边缘上，这本脱胎于哥特式建筑的哥特小说，具有一切与其母体联结的品性。荒原、古镇、奇异的人类和怪诞的情感等元素，都如狂风骤雨般地宣泄在了由山庄老管家纳莉的回忆和外来访客洛克乌的视野一起构建的独特地域上。

看看这荒原上几个孤冷的生命个体吧！贵族小姐凯瑟琳·欧肖和她父亲收养的吉普赛弃儿希斯克里夫，被命运无故联结在远离城镇的呼啸山庄，青梅竹马、两小无猜，在韶华正盛时萌生爱情。暗夜里灼灼对视的星眸，马厩里怀疑与信任交织的喁喁私语，湿冷苍莽的旷风中携手奔跑，这古老而隐秘的情境安全地包裹了旖旎动人的爱情，既有传统家庭小说的繁琐絮语，又流淌着神话般的理想主义色彩。然而危机也已酝酿，或许艾米莉更想让无涯宿命和有限情愫的矛盾刺破温情，展现哥特式的冲击力吧！所以，当凯瑟琳巧遇富家公子林敦后，希斯克里夫冒着暴风雨愤然出走，凯瑟琳怀着愧疚与憧憬的心情嫁于林敦，沉重的伤感猝不及防摧毁了快乐。人类习惯对苦难的遭际保持无奈与妥协，以繁缛的世情伪装心灵深处的不安。正如中世纪的平民对着神龛匍匐，在昏暗的酒馆里纵饮狂欢。于是一般饱含激情的文字沦为平庸，反而艾米莉式的不动声色、娓娓道来，最能剖析潜藏在幸福中那呼啸而来的野性，最能铺展开那似乎惊心动魄的苍凉事实，也最能击中痛处。

我们反省自我，求得宽恕，冷静翻动书页，随岁月流逝看到二人分开后，断裂的命运链条又一次接榫。接下来，偶遇、不伦私奔、谋杀环环相扣，骑士冒险、黑暗复仇等种种令人血脉贲张的元素加快情绪行进速度，希斯克里夫攫夺林敦家财产、虐待两家后代，直接导致了凯瑟琳精神状况恶化。柔情似水的面纱撕裂，阴郁的人格赤裸裸地暴露在寒滞僵硬的空气中。事实上，生灭轮回、世代循环，任何极端情感实则分裂于同一滥觞。爱是恨的窖藏，恨为爱的产儿。希斯克利夫对凯瑟琳由感激演变为对他个体虚无感的补偿性质的爱意，凯瑟琳一生寻找本我心灵栖息地时无意发酵了爱。所以，才会有凯瑟琳冒雨寻找恋人而一病不起，希斯克里夫夜挖坟墓紧拥恋人遗骸，以及凯瑟琳游魂终夜游荡。艾米莉行走在荒野的呓语里，把谛听到的空寂的哀伤实化为一场剧烈的情感阵痛，她许是质问无常命运，或是寻索精神归宿。因此最后希斯克里夫自杀赎罪，与凯瑟琳终成眷属，这场狂野畸形的爱情平静落幕。

这片荒原有太多艾米莉的身影。艾米莉只存活陈旧破碎的蛋彩画中，她纤瘦苍白，一种迷惘醉人的哀愁如强劲的狂风卷席过她的哥特式想象，吹散了她破碎的心境。风过后，一切唐突的尖锐锋利都归于淡然，仿佛心灵骤然释放于苍穹上，聆听庄严的弥撒曲……

哥特格调的《呼啸山庄》，刚性坚冷的架构下是炽热绵长的深情，紧实致密的字词组合中是广袤荒凉的胸怀。看遍了浪漫飘逸的海洋精神，与主人公踏上印满人类悲怆脚印的大地。深切体验着人生苦难，渴慕神性光芒，在那诡谲瘦硬的身躯里，人们忘却飒飒作响的忧烦争斗，只有清冷遥远的复调弥撒召唤人心中的悲悯宽恕。再看艾米莉的风姿，仿佛是个安宁的精神故乡……

忘了尼德兰
——约翰内斯·维米尔

段　歌

画家约翰内斯·维米尔善于抒情，善于铭记，可自己却滑稽地隐没进时光中。

他的容貌、感情生活、向谁学画，从来都是一个谜。岁月流转，他渐渐模糊为17世纪荷兰小城的一点波光，人们只记住了当年繁华的市井，却遗忘了熙攘中的一痕深情。

然而，他却为几个平凡的少女留下永恒一瞬。她们不是名媛，亦非美人，却因为真实的宁谧，雅洁的气息在画笔下活色生香。

时光从古铜窗棂泄漏，滴落在少女左侧的珍珠耳环上。在老旧的暗影中，少女侧脸凝视着红尘的来往过客。她低敛双目，绛唇欲开又阖，似有衷曲心意萦怀，缱绻哀怨又充满决绝。象征寂灭的黑暗，喻指皎洁光明的珍珠耳环，还有这个正当韶华的纯真女子，似有巨大张力，轻巧捕捉了观画者的心灵。很难想象，如果夕阳冷光敷腴于光洁而苍白的面颊，黑夜的羽翼遮掩半边额头，唯有明润耀目的珍珠耳环如同璀璨星斗晕染一片圣光，那将是怎样一副奇绝哀痛的景象！我们有理由相信，在英国导演皮特·韦伯的电影《戴珍珠耳环的少女》中的故事是真实的。世界虽然微小，却总有不测的记忆被深受痛苦的人类口耳相传成传奇。年轻的画家维米尔爱上家中女仆葛丽叶，他为她画像并赠予珍珠耳环，她也具有颖悟的色彩感受力，但这段缠绵悱恻的爱情最终因门第差异而不了了之。呵!好一种多情的冷漠，好一种复杂的简净！

也许葛丽叶是维米尔一生中触动他最深的女子吧！所以在其他画作中，虽然他延续着细腻的线条、明艳的色彩和传神的明暗技巧，却少了情愫，多了欣赏和自我内心体验。某天他乘逸性潜入厨房，在充满面包碎屑的空气中，蓦然惊觉时光与他和那倒牛奶的女仆奇妙邂逅。女仆饱满红润的面庞飘散着凝白炼乳的奢香，微笑如同醉人醪酒。那一刻，画家听到了虚静谐和的灵魂音乐，大音希声。再譬如那《窗前读信的少女》，古典的蓝衣长袍少女面对过滤了烟尘的日光，面色凝重安详，咀嚼着信纸上流动的真情挚意，如同浮动在淡色烟雾中的一束兰花、一溅海水、一阕夜曲。中国古典诗学讲求“有我”与“无我”之境，这样的“寒波澹澹起，白鸟悠悠下”的“无我”之境应是诗人之本心与自然冥相契合了吧！在传世稀少的几幅少女画像中，他无意中把孤独寄托于物象中，珍珠耳环、牛奶、信件，或是圣洁灿烂或是丰腴富足抑或是绵长蕴藉，每件寄寓物与主人公相熠生辉，编织成传奇。

画家的情愫是有细微肌理的，与其作品的灵魂丝丝入扣。同样忧郁感伤的拉斐尔连笔下的圣母也漾荡着文艺复兴意大利宫廷的高华优雅；老勃鲁盖尔的棕色农民盛宴是对泥土与马铃薯的亲近；而维米尔，降生在17世纪绘画镀金的尼德兰，风雅与经济相互妥协，可他毕生潦倒，坚守一隅平凡，安然于芸芸市民地位，游戏人生却拒绝庸碌，脱离喧闹亲近温暖的城市，凝望一线日光放逐自我，澡雪撄宁，孤芳自赏。

尼德兰太盛大了，它把这个市民给忘了。世人总是要百年后"弥补"缺憾以修饰伟大的把戏，反而凸显了其拙劣。半年前维米尔已深谙孤独，目光准确定格在涌动的寂寞上，不如说，是他甘愿把尼德兰给忘了……

巴别塔长歌
——读梅里美《嘉尔曼》

段　歌

人类造巴别塔以通天，上帝将语言混乱，塔废弃，人分离。

自从创世纪后，某夜荒古寒凉的月光忠实守护着废墟，巴别塔的遗体满怀悲怆的矛盾徐缓长啸。它是天堂与人间、指引与阻碍、延续与断裂的悖论。在人类种群离别后，语言只是分裂的表征，真正痛彻心扉的是人类在再次还乡寻根的索寞长路上对原始信仰的萦魂。

远方的写作者以写异乡遭际来瞭望生命原故乡，比如黑人作家亚历克斯·哈利的家史小说《根》，而法国的梅里美却掣马吟游在出生地的圆圈中——西班牙安达卢西亚、法意科西嘉岛等南欧地域。在他考索的复古视野里，那些悠远野性的风俗和方言，幻化为一个名叫嘉尔曼的吉普赛少女，她笑靥明媚，又浑身血迹斑斓，集蛊惑、计谋和巫术于一身。

嘉尔曼辗转流离，以卖唱跳舞、占卜算命为生，她俗艳放浪的美貌一掠而过，却让小兵唐何塞神魂颠倒。在人类心灵深处的宿命论中，占卜就是召唤，召唤便为古奥长歌，而长歌即沿音迹寻求最初精神家园。人类一路流浪，一路标记，史诗神话、龟甲蓍草只为某日狂欢之际仰望星斗突然唤醒记忆，激发再次攀登巴别塔摘星的冲动。于是，嘉尔曼与唐何塞同居、杀人、逃命、走私，一路惊魂夺魄，且分且离，爱怨交织，无意间踏入了宿命注定的罗网。唐何塞沦为亡命天涯的绿林强盗，辗转在这富有魔力的"美杜莎"身边。完成脱胎换骨，静默穿过熙攘市井的烟尘，一切劳碌辛酸如烟云消解，只遗留自我生命对苦难历程、荒谬命运的蚀骨体验。与其说是嘉尔曼的任性自由激起的男性嫉妒与勇莽血性毁灭了唐何塞原本安稳的生活，不如说这是一次偶合。因为嘉尔曼源于自然神力，是初始人性的象征，她拯救了挣扎于生活褴褛里的男子，二人遂朝着无社会形态的精神理想顿进。

只是，这顿进之路深陷在干涸无垠的黑帮沙漠中。嘉尔曼奉行的感情自由原则是上古牧歌时代的残留，而唐何塞对人间忠贞爱情求之不得，最终嘉尔曼被爱人两刀毙命，却仍坚持爱情自由，坚持着奥林匹斯山式诗意的神祇品格。这个风骚女人，面对死神的镰刀，竟有如此深奥的底线，决绝固执又清高。而唐何塞随之自首追随爱人而去，两种人格合二为一。二人之情爱绝非肉欲，亦非精神恋爱，而是对人类逐渐迷失在现代文明过失的启迪与救赎。嘉尔曼是个始终与文明龃龉的祭司，只等待着几千年前那个上帝的告慰，以续巴别塔之前缘。

文明只是假象，伪饰太多则盛不下心灵的躁动，于是有太多的不择手段出卖灵魂践踏尊严谋求利益的恶行。梅里美在文明与野蛮对峙的狭仄地域上，感受到灵魂饥渴，感受到久违的无关法律的纯道德力量——可爱的野性。嘉尔曼被杀后，作者又继续考证人种语言的来历，仿佛风轻云淡，这暗示着一种强大的定力，是对于人性中真诚自由的执着追寻。回首当年听法语歌剧《巴黎圣母院》时，圆苍旋转，银河浮宕，漆眸赤足的吉普赛少女艾丝美拉达如同忧伤的酒神狄俄尼索斯，歌咏“安达卢西亚的河流在我血脉中流淌，山脉写在我的掌纹上，是否值得我返乡？”人类踏遍千山万水，最终等待无法忘记寻根情结。

嘉尔曼和唐何塞会去哪儿呢？一定不会是完美的天堂，而是饮尽甘苦，行走在寻觅巴别塔的长歌中……

现代禅语
——有关《麦田里的守望者》

段　歌

虽然禅语偈谛生存在古代东方哲学中，但其对个体生存状态的怀疑思考的品质、如永夜般逸散着的岑寂清冷的气息，似乎更能于万象纷乱中、灼热的人世炼狱里寻得生命本原。人类在现代文明密集的框架中流徙漂泊，同时，由这种不定造成人类心理上的惊疑恐慌也成为现代文明的装饰。禅的神秘与智慧也在这时越发凸显出来，它的影子在现代文本中衍泛开来，这其中便有美国现代作家塞林格小说中守望者的形象。

西方传统小说与《荷马史诗》的叙事风格一脉相承，地域风致与人物性格命运相吸相融。而西方现代小说如意识流、荒诞派、魔幻风格等文本却颠覆着词句篇章的稳态，个体被无限缩小在都市人潮中。在《麦田里的守望者》里，叛逆厌学的高中生霍尔顿向读者倾诉了自己被学校开除后在校舍、旅店以及公园等地的所见所思。作为富家子弟，就读称誉极佳的潘西中学，他却桀骜不驯屡次生事。被校方开除后，他回忆着过去可爱的女伴琴和他逝去的小弟弟艾里，目睹了宾馆里各色人等变态荒唐的举动，出于无聊找妓女又坚守最后底线。三天时间在看似冗长琐碎的叙述中虽短暂而饱满，回忆与臆测杂陈，厌恶与热爱交织，他分享着隐藏在衣冠楚楚下的人性的秘密。遗憾的是，霍尔顿没能前往象征自由的西部，他最终大病一场，事件以伤感惘然收场，这是一个温和而具有刺激性的悲剧。像他这样横跨凡情与哲思两界的边缘人，注定肉体要湮没在庞大人流中，而思想进入一个不为人理解的玄想世界。

塞林格借助赤裸裸的暴力美学冲击着温雅醇厚的古典主义传统。个体携带着困惑行走在无序的时间里。读者看到的是脆弱的霍尔顿与一幕幕熟稔模糊的场景抗争，确切地说，是与麻木和怯懦抗争，这是否是现代人对自我异化所发出的恐慌的呼声呢？是否是面对有条不紊的社会法则背后那逡巡的目光呢？是否是一次解脱式的心灵冲击呢？同时，霍尔顿通篇以粗俗的语言驾驭着他寻求生命意义的旅程，剥离语言的缛饰，直视语言的裸体，这种如枯枝槁木般单纯的暴露恰与那给予现世荒谬的重击的主人公匹配，些微的暴露往往会让虚弱的整体霎时分崩离析，正如为主流唾弃的粗话实是背负生之重负人们的真实宣泄。我们无意将霍尔顿塑造成一个遗世者，一个神化的先知，世界一旦出现具备夸张性的词汇、供人膜拜的偶像，必定会阻碍人认识其某种幽邃拙朴的内质。霍尔顿只是熙熙攘攘的不夜城中一豆大一段的烛火，跳动着不安和焦灼，他对一些看似平常的人类行为和社会表象的否定是跳脱混茫的觉醒，是俯瞰众生愚痴的大视角。

塞林格晚年遁世隐居，他选择的人生风景里虽然没有林泉烟霞，但他在静谧中所经受的心魂苦闷却与中国传统文士相仿，如他本人所说："我不属于这个世界。"他本人才是霍尔顿叛逆精神的实践者。

毁灭与重生之间，人们往往崇尚生育繁殖，躲避衰败死亡。实则，那一地的荒凉、无言的荒唐才是生命的根源与归宿。行走在车水马龙中，却如同观望浩瀚星辰下苍凉的废墟，荒古大雪中干涸的河床，酷暑烈日下焚烧殆尽的麦田，蹁跹冥想，彻悟空寂，这便是东方禅的远境。霍尔顿便是现代文明中一个残酷的神话，苍白缥缈的禅语……

无法触碰的青春
——读《挪威的森林》

蒋成浩

城市像一个森林，却比森林更充满危机，我们迷失在其中，找不到出口。20世纪60年代，日本已经进入高度发达的资本主义社会。经济在快速发展，人们的精神危机也与日俱增，物质的极大丰富却在精神上留下了荒漠。

书中，渡边的形象是不羁的、另类的，精神层面的危机在他身上展露无遗。与他同属这一类的还有永泽，他们怀疑一切、质疑一切，只是在冷漠的社会里，在疏离的都市中寻找自己的生活方式。他们遵照自己的内心，方其如此，那无时无刻不在撕扯着他们的空虚的神经才会有些许安宁。渡边像是一个游离于现实与梦境中的人，现实带给他的不满与不安，让他倾向于在梦幻似的世界里寻找精神寄托。这个世界不需要情和理，不需要道德与法律，不需要世俗的约束，只是还原人性的本真，可以为所欲为，可以选择荒诞，也可以选择真实。可是这样的世界是不存在的，我们无力改变世界，所以渡边的梦境总有一天会破灭，会跌进现实的深渊。

书中的人物，大都有着各自悲剧式的宿命。木月和直子的爱情令人唏嘘不已，从小青梅竹马，互相依偎。他们沉溺在两个人构筑的世界里，自甘与外界斩断联系。他们自闭，又时刻挣扎着，想要挣脱什么，殊不知束缚着他们的是他们自己。木月以死亡的方式选择告别，于他自己是一种解脱，于直子却是另外一种更加残酷的沦亡。木月死后，直子远走神户，来到了东京，神户在她的心中已是沦丧的城，只能选择逃避。可悲剧的是，任凭她如何逃避，那种难以名状的伤痛依旧始终伴随着她，直到她生命的最后一刻。

渡边与直子在东京再次相遇，在一个静谧的午后。两个人都带着不同的倦意和伤痛，木月的死对他们的触动太大了，生命的逝去让他们多了几分成熟，又添了几分悲观的、沉闷的心结。两只受了伤的孤雁开始逐渐靠近，两颗心互相敲击碰撞着。他们开始交往，在一个陌生的城市，他们都需要彼此为对方疗伤，带着过去的伤痛，带着时间经久未愈的伤口。

书中有个场景写得很意味深长，渡边和直子走在喧闹的街上，没有目的，没有方向，只是机械地走着，直子在前，渡边跟在后面，他们沉默着一言不发。这种状态是无声无息的，他们像两个孤独的灵魂，迷失在硕大的森林里。他们的人生就像脚下的路，虽然在走，却不知道下一步该迈向何方，路很多，却没有一条是属于他们的方向。

直子进疗养院之后，渡边的生活并没有随着直子的远去而重回现实。他搬出了学校，给直子写信，生怕她再受到伤害。直子的死是对渡边最沉重的打击，仿佛是当头棒喝让他麻木已久的躯体醒来。他对她的爱突然间不存在了，他用无数个日夜去思念她、守护她，可她还是带着他的爱和思念远去了。直子死后，渡边选择远行，放逐自己或许才能够找到自己，让伤痛和记忆洒在他前行的每一寸土地上，同样洒下思念与追忆。那一种凄惶的心情在放逐中形影相随。

翻手为繁华，覆手为苍凉。村上春树用诗一般的语言还原了青春的全貌，那些有关伤痛、孤独和迷惘的命题，不仅仅在昨天存在，在今天存在，在未来依旧存在。青春美好，在于它的短暂，我们都是带着孤独的烙印一步步走过青春的森林，迷失的迷失了，相遇的会再相遇。

心的牵绊
——品味《挪威的森林》

毕新伟

那年冬天，在海口开了两天会之后，一行人南下到三亚观光，那确实是一个好去处。大巴中途在博鳌停留一阵子，到三亚时已经渔火点点了。在宾馆与一位名叫盐旗的中年男士巧遇，于是结伴同住。盐旗是日本某大学的教授。当晚，邀约盐旗先生一起去看海，在波涛起伏中听他说日本人的生活情况，那是我曾在日剧中看到的情景，听他一说就等于证实了。

旅行总是仓促的，第二天接连去了几个地方，仿佛就是为了留下一行足迹才来到三亚。在瞻仰过南海观音回程的路上，我们聊起了春上村树。盐旗说，春上在日本颇受欢迎。他的小说既高雅又通俗，适合不同阶层的读者，他本人也很喜欢。

两天行程中与盐旗先生聊得甚是投机，当然主要是我请教居多。我们谈到恋爱、人生的问题，他说可以给我寄两本日文版的学术书籍。两个月后，书果然寄到了我手里。我明白，盐旗先生是把这事当作了他的一份责任，让我很受触动。有责任意识，就是心里有了放不下的东西。

最近，看了两遍《挪威的森林》电影，感觉意犹未尽，又把小说拿来读了一遍，才明白为何渡边和直子的爱那么苦涩。渡边和绿子相识后，有一次他告诉绿子，他对直子只是一种责任："作为某种人的责任，并且我不能放弃这种责任。"言下之意，渡边要接替木月对直子负责。木月是十七岁那年自尽的，渡边和直子的生命也因此停留在了十七岁。

两个男孩和一个女孩共同拥有一个青春，这是人的成长过程中常见的现象。《东京爱情故事》也是如此，只是结局并不太悲伤。

直子二十岁生日那天，渡边和她有了初次性的交往，而这作为一种刺痛，扎破了直子一直努力封闭的记忆。于是往日的情景滚滚而来，令直子伤情不已。

木月和直子是青梅竹马的恋人，加上渡边的友谊，三人是互为依存的关系。渡边给直子的信中写道："自从木月死后……我们远比想象中更需要彼此。"这个需要对于二人来说其实并不一样，渡边知道自己遇到直子后便不能放手，于是一次次陪她近于疯狂地散步，要说那已经不能称作是散步了，而是一种对某种情绪的摆脱。渡边一次次上山看望直子，期望着把直子从混乱的记忆中拉出来。渡边在与直子的交往中实际上是发生了感情的，只是直子难以回应。对于直子来说，渡边成了她现在唯一的依靠，这依靠是双重的：一方面，渡边可以平复她心中的波澜；另一方面，渡边的存在又不可避免地让她想起十七岁以及更早的时光。过去的生活就这样反复地被提起，造成了只有渡边在的时候才可以安慰她，不在的时候她就陷入到记忆的深渊，不能自拔。共同的记忆在他们心中牵绊着，打下了深深的印记。

直子曾设想过，假如没有木月他们会是一种什么情况，很明显，就是没有了那种让彼此隐隐作痛的牵绊，人生因而会被改写。

直子的死无疑是对渡边的解脱，那一段青春画上了句号。只有这样，他才可以坦诚地面对绿子，重新开始新的生活。

生命中有大大小小的事情可以使我们的心灵停留，你如果驻足，就会为那些事情而感动。

女性与城市
——读王安忆《长恨歌》

毕新伟

王琦瑶能在“上海小姐”选秀中脱颖而出，除了她具有苗条身材、妩媚脸庞这些个人因素之外，就是都市文化这一隐含的有力推手在起着作用。王安忆在谈到《长恨歌》的时候曾说过，上海就是女性化的城市，上海最适合女性生活其中。她的意思是说，从日常生活看，上海简直就是女性的天堂。

王安忆的话并非无的放矢。19世纪初中期上海开埠的时候，作为一种现代都市景观的女性文化，随着市民社会的兴起逐渐成为上海的一道靓丽风景。上海在西方资本主义的扩展中迅速成为一个商业性、消费性的物质大都市，到20世纪30年代已经被称为“东方巴黎”，一个霓虹闪闪，歌舞升平，光与色绚烂到奢靡的天上人间。就物质的特性来说，物质的生产属于商业制造行为，物质的流通属于商业消费行为。因此，上海也可以说是一个物质空前丰富的城市，提供了一个新的都市生活空间。

这个现代的公共生活空间，吸纳女性在其中抛头露面，使其成为最显眼的现代城市特征。当然，城市对女性的询唤既有充分准备又有确定目的。城市为女性提供了最大限度的便利，教育、工作、生活、娱乐较之于传统社会有了巨大改观，女性得以走出传统家庭走进现代社会，为自我的解放创造了良好的条件。不过城市这样的“乐善好施”就其目的来说其实是另有打算，那就是创造一个以欲望消费为旨归的生活空间。因为推动社会发展的主导力量依然是男性提供，所以，城市的欲望消费不消说也是要满足男性的欲望了。

这样就出现了一个悖论，城市在给女性提供展现个性风采的机遇的同时，又把女性引导向物化的生命之途，成为男性欲望的目的物。王琦瑶的人生便充满了这样的悖论。“上海小姐”选秀是她一生中最大的机遇，从此改变了她的人生道路。王琦瑶憧憬于上流阶层的花花世界，对纸醉金迷的生活心向往之。她有着上海市民足够的精明和算计，凭着身体的资本跨出了弄堂所环绕的生活圈，进入上海的繁华街区，因此而成为被男性所欲望、所消费的大众情人。而青春总是短暂、美貌不可永驻，王琦瑶的资本这样说来其实是很单薄且有时限的，她得为自己做长久的打算，不然以前的努力便付之东流。王琦瑶并非不懂得男女之间的爱情，她也知道真心爱她、为她付出的人只有程先生，但她却委身于军事大员李先生，甘心做了他一人的“金丝雀”，成为他的临时夫人。

李先生死后她的生活分别被卷入了政治、经济的漩涡中，为了那种风光付出了不小的代价，王琦瑶的沉浮说到底也就是上海这座城市的沉浮。她有自己的生命意志，知道要靠自己的努力才能改变命运，但作为一个女性，她却迷失在巨大的男权文化之中，甘愿做男性的陪衬和客体，所以她的命运只能围绕着一个个男性而旋转。如果把那些男性从她的生命史中抽离出来，王琦瑶自己的生命简直苍白得没有什么颜色。尽管她曾是名震上海、尽人皆知的“淑媛”，但她这个人和她所选择的生活并没有什么可让人艳羡的，相反，倒是可以让人去思考如何在城市立身的问题。

第三把椅子的距离
——读格里耶《嫉妒》

翟志远

鲁迅在《秋夜》的开头写：“在我的后园，可以看见墙外有两株树，一株是枣树，还有一株也是枣树。”不意若干年后在读法国新小说派代表作家阿兰·罗伯-格里耶的《嫉妒》时，发现了将鲁迅这般笔法发挥到极致的运用——“再往下的每一排树木所包含的株数依次为：二十三、二十一、二十一、二十一、二十二、二十一、二十……”这般近乎测量员的叙述让人简直以为作家在凑字数。可细细品读，无论是鲁迅或是格里耶笔下的树木，通过这般叙述，俨然每株树都有了自身的存在意义而挺立在字里行间。而格里耶更是借由这“呆滞”的描述，为读者展现了一个物化的世界：世界万物都有了意义，反而人的意义开始失落。

这种世界的物化体现在《嫉妒》里，便是一种无力的距离感。“现在，柱子的阴影将露台的西南角分割成相等的两半。”小说开头，便给了读者一个纵深的镜头，读者的瞭望塔与小说情节发生的舞台始终保持着一定的距离感。读者发现自己仿佛是一个窜回阳间的幽灵，伸手想要抓住面前的物体，结果手却从中滑过——抓不住一切，一个冰冷的物化世界将读者拒之门外。

小说的情节在发展着，妻子阿A和男邻居弗兰克在相会。在叙述中，不断点明第三把椅子的存在。尤其是指出现场第四把椅子的无用，格里耶借阿A的命令把它撤走，而这更加突出了在场的第三把椅子。在明面的叙述里，出现的人物是阿A和弗兰克，那么这第三把椅子是谁的？阿A丈夫的吗？格里耶自始至终没有透露。小说的叙述是透过一双窥视的眼睛来完成的，窥视者能看到什么就叙述什么。那么窥视者是谁呢？是丈夫吗？叙述展现着有限视角里阿A和弗兰克的行为，视角之外是一片茫然。“四只手平行地并排摆着，一动也不动。阿A的左手与弗兰克的右手之间，只有大约十公分的空间。”这是现场隐藏的第三者所能看见的和把握到的事实，而借由这一事实联想到的是否也是事实呢？在阅读中，我愿意相信是丈夫在监视着一切，可他的行为只能限于自己的视觉，这是一种悲哀。从《奥德赛》到《尤利西斯》，人类从英雄主义蜕变到犬儒主义。《嫉妒》里未出场的丈夫毋宁说是对人类自身的滑稽反讽。我想，从小说未知处窥视的眼睛很有可能便是读者自己的双眸，燃起嫉妒的原来是读者自己。

小说的原法文题目是个双义词，可以译为“嫉妒”，也可以译为“百叶窗”。我更愿意后者作题目。“百叶窗”是人类观察世界的平台，物质的窗框束缚着人类的视角，拉开人与外部的距离。从“百叶窗”中，人诞生的不仅仅是嫉妒，更本质的是一种无力感，对真实的渴望终究是可望而不可即。小说中的丈夫身体里充满了嫉妒，是因为他无能找到确凿的证据来清除对妻子不忠的猜想。虽然作为读者的我们知道，他的妻子并没撒谎。

卡夫卡说：“我们需要的书，应该是一把能够击破我们心中冰海的利斧。”《嫉妒》为这句话做了极好的诠释。格里耶给了人类一个绝望的距离，让读者极尽自己所能，想象那将要临身的斧头有多锋利！而最锋利的斧头恰恰存在于人的脑海里。人坐在第三把椅子上，看着其他人在旁边侃侃而谈，却无法触碰一下。只是想想，这“斧头”的锋利便让人胆寒。

从命运开始
——读莎士比亚《哈姆莱特》

翟志远

《哈姆莱特》讲述了一个古老的复仇故事：王子哈姆莱特通过父王的鬼魂得知父亲死亡的真相后，开始了艰难的复仇行为，在这一过程中，死亡在不断发生，王子的恋人奥菲利亚也不幸落水离世。最后，王子成功复仇，自己也死去。全剧被死亡笼罩，气氛肃穆悲凉。

至今仍记得哈姆莱特的独白:“生存或毁灭,这是个必答之问题,是否应默默地忍受坎坷命运之无情打击,还是应与深如大海之无涯苦难奋然为敌,并将其克服? 此二抉择,究竟是哪个较崇高? ”这是一个永恒之问,在今天,它依然敲击着我们的心灵。莎士比亚借哈姆莱特之口提出这个问题,数百年之后加谬这样回答:“真正严肃的哲学问题只有一个,那就是自杀。”判断生活是否值得经历,这本身就是在回答哲学的根本问题。那么哈姆莱特面对这宿命的安排——要他一个文弱的王子负起为父报仇、重整乾坤的巨任,又是如何解答这生命的难题? 对于哈姆莱特,有人恨恨地把懦弱扔给了他,责怪他的犹豫不决。难道哈姆莱特在克劳迪斯忏悔时放弃报仇的机会不应该吗? 我想,这一忍抑的行为恰恰表现了哈姆莱特对自身命运的负责。米兰·昆德拉说:“慢的程度与记忆的强度直接成正比;快的程度与遗忘的强度直接成正比。”面对自己极其恼恨的问题,人想要做的是避开或赶紧解决。而哈姆莱特选择了庄严地面对、坚实地行走。

古希腊悲剧中,埃斯库罗斯笔下的俄狄浦斯王面对弑父娶母的局面,不负责地选择逃避,刺瞎双眼远走他乡。面对生存的窘况,他轻易选择了毁灭。莎士比亚高擎人性的火把再次向这一生存境况发起进攻。哈姆莱特忍受着内心的折磨向复仇走去,原有世界的碎裂刮剐着他的灵魂,他只能默默不出声,如阿摩司·奥兹笔下的胡狼,在无人的深夜,胡狼爪子即使被夹子夹住,也只会默不做声,冷静地把爪子咬断。虽然最后他不幸死去,但对于这一古希腊便流传下来的命运问题做出了无愧于“人”的解答。生存还是毁灭? 哈姆莱特滑向了毁灭,但他的人生却迸发出人类生存的坚韧光彩。有人说刚极易折,但你不走到极致的灭亡,又如何知道你的前方真的无路可走!

借由哈姆莱特,莎士比亚对命运做出了自己的应和。哈姆莱特的悲剧核心是命运。哈姆莱特的命运形成在母后出轨的一刻,这一刻哈姆莱特无法掌控。命运就是事实! 无法更改! 哈姆莱特在命运压迫下的结局与古希腊悲剧一样。但哈姆莱特在与命运抗争的过程中,显示出有别于古希腊悲剧主角为缥缈的理念所奋斗,而是把抗争力的源泉架设在人性的坚守之上。莎士比亚敏锐地发现命运结局的不可抗与命运过程的选择性! 这是《哈姆莱特》主题的精华所在,更何况莎士比亚天才地把选择放在了个人的身上,实现了对古希腊悲剧的反突围! 在命运之下,哈姆莱特走出了一条属于自己的人生轨迹。虽说条条大道通罗马,但每条都是不归路,无法回头。我想哈姆莱特对于自己选择的道路并不后悔,因为在这条路上他散发的人性芳香至今让人陶醉。从主题上对西方文学精神的继承和突破来说,《哈姆莱特》确可称为莎士比亚的最佳作品。

寻找魔剧院
——读黑塞《荒原狼》

翟志远

“小说是一种探索”，即使再伟大的小说家也不能把未知穷尽。卡夫卡的《城堡》没有结尾，但就是这缺少的张页让我玩味不够。中国画讲究留白，寥寥数笔把万千山河纳入笔下，便不能画得太实太密，所谓“大象无形”正是此理。黑塞以简笔写作《荒原狼》也是此理。

1922年，托马斯·斯特尔那斯·艾略特发表了《荒原》，展现现代生活的荒凉与贫瘠。五年之后，黑塞在“荒原”的路上披荆斩棘，推出了经典之作《荒原狼》。此时的欧洲处于世界大战的苦难烟尘之中，《荒原狼》便反映了这一时期欧洲人的精神之塔的倒塌。小说情节简单，叙述了自称“荒原狼”的艺术家哈里·哈勒尔在某小城的一段生活经历。先是通过“我”的旁观介绍荒原狼，接着透过一篇《论荒原狼——为狂人而作》的文章剖析荒原狼，最后哈勒尔自述在小城的奇特经历。全书气氛压抑，通过这三个层面解析塑造荒原狼哈勒尔这一形象，极力刻画哈勒尔的精神危机。人物的苦闷无极让人不自觉地想到了同时代画家爱德华·蒙克的作品《呐喊》，一个绝望压抑的人对着世界竭力呐喊，忧虑与恐惧攥住了人的心灵。这大概也是生活在两次世界大战期间的西方知识分子的心灵写照。而黑塞作为一个德裔作家，面对祖国在世界大战中的位置，其内心的煎熬定是甚于其他欧洲人。“荒原狼”毋宁说是作家自己的心灵纪实，“啊，在我的胸膛里有两个灵魂并存！”这不仅是百年前歌德笔下的浮士德之苦语，也是20世纪西方知识分子的嘶喊。

若黑塞只写到这里，这部作品最多算是二流作品。写荒原狼濒临崩溃的心灵，只是为了给后面魔剧院的出现作铺垫。在艺术处理上，小说很自然地让人忆起德国文豪歌德的《浮士德》：浮士德在精神苦闷之下答应了魔鬼梅菲斯特的赌约，开始了心灵的自赎。赫尔米娜的出现对于荒原狼仿佛是魔鬼的邀请，但显然更加复杂。歌德写《浮士德》时已是人生的晚期，思想已然固定成熟，而黑塞正处于思想大变的年代，笔下的人物更多了一层复义多元性。荒原狼面对赫尔米娜的诱惑，有如卖火柴的小女孩面前出现了各种美好。

寓言在此时降临。荒原狼最后接受邀请来到了魔剧院，“赫尔米娜在地狱里”等待着荒原狼。在这之前，荒原狼要经受住各种游戏的考验。黑塞穷极思考力与想象力，布置出奇幻诡谲的体验场景。这里是地狱，这里也是天堂。人的精神与信仰重新接受锻造，测试应接不暇，没有掩饰的空档。宛如芭蕾舞里黑天鹅的疯狂32转，恰似飓风扫过。待得人刚要喘口气，小说的大幕陡然降下，结束。魔剧院留给读者的印象是模糊的，而这部小说的真正意义就在于这魔剧院。黑塞在人的肉体里发现了两个乃至更多个灵魂，这是一个危险的真实。黑塞想要利用魔剧院来调和人的多重灵魂，使人臻至更高的境界。姑且不论成功与否，黑塞的魔剧院实验展现了一个知识分子的立场和小说的巨伟力量。

《荒原狼》之后，1942年奥地利作家茨威格完成了《昨日的世界——一个欧洲人的回忆》，西方知识分子在贫瘠的荒原上继续寻找灵魂的救赎，魔剧院在一笔笔描摹写实。

上校之枪
——纪念马尔克斯

翟志远

传说创世纪的一响，天地间有了光，世间清明，一切都清清楚楚。创世的七日，每日的安排井井有条。人类一早便学会了整理，从物质到精神，从过去到现在，冠之以“文明”，被人码放得整齐利落。什么是人？参看《人类文明》第××页。什么是历史，战争……参看……

这个世界太秩序，也太恶心。大路上礼帽下是同一编码的程序，环球同此炎热。不知何时起，走在路上我渴望遭受一次突然的袭击，剥离我既有的一切。多年后，当我再次捧读马尔克斯的《百年孤独》，立即回忆起第一次阅读时的囧态。我老老实实地坐在桌前严肃无比地梳理着马孔多镇上校一家的族谱，大脑肿胀痛苦无比。我也好似《红楼梦》的考据专家对比着拉美发生的历史……侵略者，香蕉公司，新大陆……方形思维的棱角彪悍地粉碎了一切。解放原来并不容易，渴望自由的人可能对自由攻击得最沉重！

即使在生命的际遇离合里又走了一段路，一次次触摸到无规则，“有理数”之外尚有“无理数”，但我仍是诚惶诚恐。因为我对于马尔克斯笔下的马孔多还带着魔幻的眼光，思维观念根深难除的现实观。这太不可思议了！不是吗？流血的路径，升空的天使，死神可能只是风烛残年的老妇。这到底是哪个世纪？为何马孔多不时飞驰过上校的身影？他的身影更弥漫在拉美大地的各处，打翻了人类呕心记录的一切，世界脱离了常规的形态。人类又回到了混沌的创世之前？上校是神是魔？我好想询问马尔克斯，但没有机会了，他已走入死境。马孔多也只是废墟，唯有不死的上校策马奔来，好大的欺天搅海之力！

这便是马尔克斯之力。历史不是结果，是历程，是其中波荡起伏的人心与人情。万物皆有历史,我们所说的历史毋宁是“人的历史”,其中喷涌的是人的生命。人非他物,难有客观。当我们对中华历史只知道列表般的时间地点事件,我们何止是愚蠢,更可说是无故土的家伙,简直是无父祖的受逐者。文明始于文字的创制,但文字也限制了文明。当我们囿于文字的漩涡,世界便对我们关闭了,血脉变得空虚。所以马孔多发生的一切用文字理性地看待会是如此得无稽。但很多人还是痴迷地喜爱马孔多,我想这是因为它触及到人深处的感性和潜藏的文明记忆。按照人的本能,现实就应该是混沌不确定的。因为在这其中夹杂了太多:过去的,现在的,还有未来的。马孔多是一个长镜头,将我们带入“既然”表面下的不确然:父祖的幽灵开始现身,未来的后辈提前降临干预着一切……在马孔多,我才感受到人是有根源有血脉的生命体,才有资格追求自身的解放。所以在《一桩事先张扬的凶杀案》中,马尔克斯关注的不是凶杀之前的准备,也不是之后的处理,而是面对已经知道的预设凶杀案,每个人对此的反应与变化,那里有比僵固事实更丰富的东西。这是最值得记录的。

现在马尔克斯离我们而去,享年87岁。在我心中他是不死的上校,他仍住在马孔多的镇上,自从以《百年孤独》创下新世纪,他一直在等待远方的应和,而现在只会有迟来的问候,他真正成了自己笔下的“没有人给他写信的上校”。毕竟马尔克斯作品的真正神奇不在于创作手法,而是面对世界与自己的特异思维。

呀!特异?我听到上校持枪呼啸,对我哄然大笑。

作为生命时态的“厌倦”
——读莱蒙托夫《当代英雄》

王俊杰

在写下许多忧愤激情的抒情诗章后,莱蒙托夫毫不犹疑地死掉了。生前,他留给我最深印象的是在舞会大厅一角,一只脚懒懒撑着,漠然扫视着舞池里的男女,眼神忧郁目光空洞,灵魂早已出窍。27年对于万千的生命来说实在是太短暂了,可是对于他呢,难道还太长了?也许。有《当代英雄》为证。

自普希金起,沙皇俄国出了一批贵族精英。他们充满激情,却没有目标。据说是因为他们生活在黑暗的沙皇专制时代。我将信将疑。我信的是,在普希金那样的年代,君主贤肖如何,世界就会跟着如何贤肖。“楚王好细腰,宫中多饿死。”到了20世纪中国的“斯大林时代”,还变本加厉了呢,我如何不信?我疑的是,从身份上说,他们和沙皇是一伙的。他们不和沙皇一道同乐,难道他们天生反骨?好像有文为证,他们中的一些确实写过类似“这是一个糟糕的时代”的诗句。可是我的直观感受让我总怀疑那只是一句感叹句,不是陈述句。如果拿沙皇时代和我们刚刚经历不久的年代比,我简直要说他们是在无病呻吟。举个例吧，车尔尼雪夫斯基被沙皇流放，可是沿途的民众在他所到之处夹道欢迎，这是中国的顾准、张中晓、胡风们永远无福消受的。

大学时代，我读普希金、别林斯基、莱蒙托夫、屠格涅夫、涅克拉索夫、车尔尼雪夫斯基、杜勃罗留波夫斯基、冈察洛夫……沙皇只是一个淡远的背景。我更多体会的是他们关于生命本身的描绘。在这其中，《当代英雄》与我共鸣最多。那是沉醉的阅读！这才是真正残酷青春的书，《当代英雄》呈现了一种生命时态：厌倦。

厌倦是青春生命的必然，而且猛烈。触媒无处不在。客观上因缺憾：出身、样貌、机遇都是；主观上因贪婪：永不满足，厌倦其实缘自激情——欲望或理想的代名词，凡人烦人的厌倦不过如此。可是普希金、莱蒙托夫们到底与众不同。《当代英雄》里的皮却林锦衣玉食，却愁眉不展。他的愁苦是生命的愁苦。分水岭出来了。凡人追求的是生活，英雄追问的是生命。正是在此意义上，莱蒙托夫不管不顾世俗道德，坚定地把自己的皮却林称为“当代英雄”。问题出在内心，他觉得无聊，没有寄托。越过生活，直抵生命，这问题就会出现。中国的顾诚也曾感叹：“我到处看见的只是生活，我看不见一个真正的生命。”说完，自杀了。沈从文要温和一些，只是愁苦地说“美丽的东西使人愁！”却还挺着。皮却林却满怀激情地和自己体内的激情、厌倦、虚无开战，类似于加缪的“西西弗斯”，可是，皮却林没有了加缪的“激情、正义、反抗”。他的激情已被激情本身耗散。他找人打赌，别人拿黄金，他以命相搏；他发狂痴迷地爱上了绝色美人，然而不久，厌倦还是如期来临。美人最后死于爱情的忧郁，皮却林却说自己比美人还要悲惨，美人毕竟死于自己献身的爱情；而自己连献身的对象都找不到。作为“当代英雄”，皮却林（莱蒙托夫）重提了莎士比亚的“是生还是死”，后来加缪在《西绪弗斯神话》里又对此作了回应：“判断人值得生存与否，就是回答哲学的基本问题。”可是在莱蒙托夫的时代，无人与他共鸣，他是孤独的当代英雄。

孤高的张爱玲

王俊杰

我这里的“孤高”二字应分开理解，没有说张爱玲“清高自赏”的意思。“孤”是独一无二；“高”是有一定的标高。泛泛而论，每个人都是独一无二的，但不是每个人的独一无二都是那样地鲜明，而且突出。

唐文标说张爱玲的小说世界是一个“死世界”：“没有希望，没有下一代，没有青春，里面的人根本不会想到明天，外面的社会，自己可以努力地前进。”大致如此。张爱玲只是据实书写自己看见的世界，她不浪漫抒情。她活在一个残破的世界里，在《烬余录》里她体验着感叹着："房子可以毁掉，钱转眼可以成废纸，人可以死，自己更是朝不保暮。"在"无牵无挂的空虚绝望"中，"人们受不了，急于攀住一点踏实的东西"，"去掉了一切的浮文，剩下的仿佛只有饮食男女这两项。人类的文明努力要想跳出单纯的兽性生活的圈子，几千年来的努力竟是枉费精神么？事实是如此。"口气断然冷静。

张爱玲其实是爱恋生命的，"生命是一袭华美的袍子"，但是激情并没遮住理性，"可是上面爬满了虱子"。这样的爱更难，因为要面对复杂深邃；这样的爱才罕见，因为要真正地明白懂得。在和胡兰成恋爱时，张爱玲说："因为懂得，所以慈悲。"像佛的声口。但张爱玲的慈悲是眼观鼻、鼻观口、口观心的，并不是佛普施天下的博爱；相反，胡兰成说她"从来不悲天悯人，不同情谁，慈悲布施她全无。她的世界里没有一个是夸张的，亦没有一个委屈的。她非常自私，临事手辣心狠。"胡兰成看得准，但不深。张爱玲内心的虚无绝望深邃的像一口井，不要"夸张"，也拒绝"委屈"，冷然森然的世界，要你咬紧了牙关面对，浮面的同情、慈悲毫无意义。其实这里的张爱玲和《求乞者》里的"我不布施"的鲁迅一样，要求人直面残酷的人生，正视淋漓的鲜血。而在真实的现象界里，张爱玲也与鲁迅同样，不知为天下众生流过几许清泪。否则，她与鲁迅也不会写那些悲天悯人的小说。鲁迅说人们做事大概都是源于爱的。

从个人来说，胡兰成说张爱玲自私、手辣心狠的表象，恰恰说明了张爱玲作为一个弱女子的孤苦无助。我想，张爱玲的内心一直是咬着牙的，心是冰雪般清澈微漾着寒意的，也许童年黯然的记忆太深了。

张爱玲真正独特的地方也是胡兰成说的："张爱玲却教了我没有禁忌。"张爱玲是无畏的，但不是因为无知，而是在勘破之后。还是用胡兰成作注脚，胡说："我小时看花是花，看水是水，见了檐头的月亮有思无念，人与物皆清洁到情意交即是理性。大起来受西洋精神对中国文明的冲击，因我坚起心思，想要学好向上，听信理论，且造作感情以求与之相合，反为弄得一身病。""我在爱玲这里，是重新看见了我自己与天地万物，现代中国与西洋可以只是一个海晏河清。"没有禁忌、祖宗之法，张爱玲进入了一个自由的天地，不迷信权威、不树立偶像，张爱玲漫步天地之间，自自然然地说着自己的"私语"心语，没了禁忌，世界在张爱玲的眼中更清明。而且，她说话的口气确实不夸张。萨特曾调侃地说："你想显得深刻吗，那么危言耸听好了。"张爱玲不需要。

审美年代

王俊杰

小说家王安忆2013年获得"法国文化艺术骑士勋章"。谈论王安忆似乎永远不是个贴切的选择，她是大陆极少数最多产却又能不减损作品质量的顶尖作家之一。虽起于寻根文学，但读过她作品的都能明显感觉到，她的文风、叙述、故事之平易近人，拒斥现代主义的形式实验，甚至有的作品（如《纪实与虚构》）渗透着明显的共和国儿女的气质，（这或许源自于母亲——革命年代著名作家茹志鹃的言传身教），但自成一派，并不沦于教条。三十年创作不绝，水准不堕乃成为她写作观与文学观的深厚生命力的佐证——一种写实主义的胜利。而她的同代或者稍晚一世代的大陆作家，虽然都是一个萝卜一个坑地占据着华语文坛的席位，但大部分都已成为明日黄花，仅就这一点，王安忆就值得我们敬佩。

王安忆自承小说创作最得益于旧俄文学，托尔斯泰、陀思妥耶夫斯基、契诃夫，这些现实主义大师的作品浸染着俄罗斯的苦寒之气，却也因此获得亘古不朽的生命张力。王安忆作为这一伟大传统的继承者，透过一部部相当写实的小说（如最著名的《长恨歌》），守护着人类自古迄今的那些已经凝华了的古老价值，只因她相信永恒真理的存在。（说来有趣，这是一流作家和末流作家都可能体现出来的面貌。）我还记得她对雨果小说的看法"雨果向我们描绘的，是个永恒的世界，或叫灵光的世界"，可以说她召唤的，也是这样一种灵光，古典的灵光。但这灵光的作用，如果说是救赎，也未必不可以说是遮蔽？

现实主义文学向以描写小人物见长，王安忆自然也不例外，只不过她将这些人物命名为"时代的隐居者"（见其中篇《隐居的时代》），戴一个现代社会的帽子，内里却依旧是古典的。时代的隐居者，存活于大时代、大一统政权的缝隙之中，隐居在共和政权的背阴处（真的可能？），但也因为如此，保留了最基本的一点自由，从这点自由里生根发芽——一种掩埋后的重生。这种美学观说理想也好，浪漫也罢，就像数十年前的湘西之子沈从文，总是留下了一点拯救之光，以叙述抵抗现实。所以与其说王安忆在批判什么，不如说她升华了什么。即使这个时代再怎样荒凉残酷，但有了审美的眼光或灵光，都可以化为"隐居的时代"，而无论好时代坏时代，事物总是残酷而又辩证地存在着，因此也就可以命名为"审美的时代"，家族、漫游、战争、天人交战、迷惘和追忆都将为这审美时代所容纳。就像《长恨歌》（至今我仍认为它是中国最好的言情小说之一），王琦瑶的前半生多么绚烂，但最终还是被庸俗拮据的家庭生活和牌桌上的闲言碎语消解，而那个结尾：孤身的王琦瑶被溜进家门的小偷杀死，是太令人无语，还是太真实——即使灿若交际花，也可以死得很庸俗，活该而又残酷至极的庸俗。而在审美的眼光下，王安忆生动地写下王琦瑶的几段情爱，那似乎已属余韵，她临死前苍凉的眼神已无力重看到那速朽在现代社会的、她那精彩的一生——她是个俗人，她不是安娜·卡列尼娜。就像一部老上海的沪语长片，就算有多少精彩的局部，也只有尘封在审美的耿耿长恨中。

一语成真，一纸墨痕
——读《红楼梦》

郑志君

三生石畔旧精魂，枉自生了一枝绛珠仙草，侍者施舍恩露。

古人最爱“滴水之恩，涌泉相报；衔草结环，以报恩德”。

恩情山海债，唯有泪堪还。于是黛玉羸弱之躯，却满腹珍珠血泪，绛为血，珠为泪。红楼因有了她而凄美精致。

不记得是谁说过了，宝钗是在做人，黛玉是在做诗。比起宝钗，黛玉确实简单得像张白纸，天真得像刚会扑腾翅膀的小鸟。黛玉有了不是，紫鹃毫无顾忌就指出来了，但你敢想象莺儿指责宝钗吗？黛玉是有些小性儿，行动爱恼人，甚至有些尖酸刻薄，但与此同时她又是极坦荡、光明磊落的。湘云笑她像一个戏子，她毫不客气就和湘云生了气，可没过多久，她们像什么都没发生一样说说笑笑了。宝钗略说了几句掏心窝的话，黛玉就卸去了所有的武器，坦诚地把自己以前对宝钗的不敬全说了出来。

黛玉的才情是长疯了的叶子。

宝玉是个了不起的才子，他的大观园题对和《芙蓉女儿诔》等很多作品都才气横溢。可他的才华遇到黛玉还是不由地逊色了。元妃省亲，黛玉替宝玉作了一首《杏帘在望》，不仅宝玉认为高出自己十倍，且连元春也指出这首为前三首之冠。

爱情是黛玉的信仰。爱而不得，欲罢不能。很多人认为，黛玉临终前未说完的话是“宝玉，你好狠心！”可我却宁愿相信黛玉说的是“宝玉，你好好保重！”

如果注定不能和自己至爱的人在一起，那么只有为他祝福。

佛说，前世的五百次回头才换得今生的擦肩而过。如果有来生，想必黛玉还是会默默地伫立在水中央，用全部的泪水和哀愁去换得与宝玉的相遇。

“借问此是何处？”

“此阴司泉路。你寿未终，何故至此？”

“适闻一故人已死，遂寻访至此，不觉迷途。”

“故人是谁？”

“姑苏林黛玉。”

我怔在当下，竟不信黛玉真的死了。这一夜读来，尤觉惊心，惊心到不肯信。

从八十回后，便是一场接一场的生离死别。大观园就这么空了，荒了，渐至杂草丛生，藤蔓侵户。

又到宝钗生辰时，众人一聚，强颜欢笑，再不见黛玉身影。

宝玉望着望着便伤起心来，又独自闲逛到大观园。不知不觉便走向了潇湘馆，只见满目凄凉，鬼气森森。他却什么也不怕了，懵懵懂懂只是往里走，袭人在后面喊也喊不住，然后宝玉说："你听，潇湘馆里谁在哭呢？"

这里是大观园，可又不是大观园。这是大观园的残躯，亦是大观园的鬼魂。在此游荡的，也不是他自己，而是他的灵魂，彷徨在漆黑的树林，寻找她昔日柔软的双手。

要叫人如何不想她？无数次穿过这幽径，她的丫鬟，她的鹦鹉，她的诗词，她的眼泪，她的欢颜，她的小心眼，她的欢颜，她的天真。

她还是联系着他与以往岁月的纽带——曾促膝并肩读的西厢，曾痴儿怨女葬落花，曾撕扇子为博千金一笑，曾群芳喜结海棠社……

当初的种种圆满，种种团聚，种种心心相印，种种无端说愁，竟都成今日的心头之刺，拔了它，鲜血淋漓；不拔它，隐痛难消。

从来好物不长久，彩云易散琉璃脆。竟只应了她当初那一句"明媚鲜妍能几时，一朝漂泊难寻觅"。如今或人鬼殊途，或天涯相隔，正是"人去梁空巢也倾"。

"锦囊收艳骨，净土掩风流。"踏着潇湘馆斑驳的竹影，黛玉辗转病榻，红颜渐凋。一生的眼泪果真能够还尽吗？

此时我不由更加迷信前生后世之说。

那时但愿真正有梦。

如果有梦，那梦一定是芙蓉城。

关于红楼种种，世代均不能说尽，况我寥寥数笔，又是何其仓促，只当博君一笑之。虽一夜苦熬，翻看之中，还嫌不够，我只好同晴雯补裘最后道那句：写虽写了，到底不成，我也再不能了。

一个父亲的札记
——读周国平《妞妞》

郑志君

周国平的文字，最喜欢《妞妞》。

这是一本父亲记录女儿一生生命历史的书。而女儿的生命只有562天。因为妈妈在怀孕五个月时照射了大量X光，女儿刚出生不到一个月就被确诊患有绝症。但父母并没有抛弃她，也没有消极地等待亲生骨肉一点点死去，他们像养育健康宝贝一样细心呵护她，直到她停止呼吸。

书的扉页上写着：我爱我的女儿胜于爱一切哲学。

至情至性的先生用他的笔留住了和妞妞相处的562个日日夜夜，留下了满纸的冷峻与温柔。

宝贝女儿的诞生对于这个溺爱的父亲来说，简直就是一个奇迹，也只有这个溺爱的父亲能把“创造生命”如此贴切地定义为“参与神秘”。

初为人父的先生兴奋而慌乱，他说：“我不敢相信，我的双手能够托住如此宝贵的重量，当我屏息凝神，战战兢兢，一步一顿，抱着这个小东西终于踏进家门时，我几乎感觉到自己是一个凯旋的英雄了。”

先生守在摇篮旁写下妞妞登陆地球的游记，不愿错过妞妞的每一声啼哭、每一个笑容，不愿错过和妞妞相处的每一刻不可重复的时光。

看妞妞伴着音乐跳舞，听妞妞说新学的七拼八凑的或是自创的词儿还有俏皮话，带妞妞去公园观察蚂蚁和蚱蜢，给妞妞洗澡……

养育孩子的切身经历给先生的生活和创作注入了一股新鲜的活力，甚至她的一颦一笑都能给他带来不可复制的快乐！

然而，死亡如同一个卑鄙的阴谋，把这个毫无戒心的小生命团团围住。她依然健康、美丽、活泼。但魔鬼悄悄给这一切加上了一个负号。昨天，她的啼哭也是快乐；今天，她的笑容也是哀痛。

痛苦不堪的先生开始思考苦难的真谛，开始以一个文人或是哲人应有的态度在纸端寻求慰藉。

也许，没有浪漫气息的悲剧就是最本质的悲剧，不具英雄色彩的勇气才是我们最真实的勇气。正是在无可告慰的绝望中，一个父亲在咬牙挺住。

妞妞的每一次意外，每一次化疗，每一次入院，每一声受折磨后的啼哭，都重重地敲打在先生的心头，他甚至祈求上天，哪怕是以十倍的疼痛加在自己身上也好啊！

然而，那一刻终于还是不管不顾地降临：1991年11月7日下午5时，先生与心爱的妞妞诀别。

心痛欲绝的先生以五个赫然大字自慰：“应该有天堂！”

就是这样，一个无比脆弱又无比坚强地父亲，书写下对那段美好回忆的执着，坚信死是不存在的，永远将爱女留在了心灵的一个角落。他说：“有一根纽带比我的生命更长久，维系着我和我死后的世界，那就是我对你的祝福。”

写一本“妞妞的书”，是一个为了忘却的纪念。

这不是一本书，而是一个父亲用感情的一砖一瓦垒筑起来的一座坟！

有人问先生，既然妞妞注定是要死去的，何必在她身上倾注过多的爱，何苦让以后的自己抽不出身？

他说：“爱不怕徒劳。如果你渴望爱，你必将孤独。”

他的智慧不同于佛祖的智慧。佛祖的智慧是把爱当作痛苦的根源加以弃绝，扼杀生命的意志，而他的智慧是把痛苦当作爱的必然结果加以接受，化为生命的财富。

作为父亲的周国平，教会我们珍惜亲情与生命；作为哲学家的周国平，启发我们直面人生的苦难，发现生活的意义和价值。

道是无晴却有晴
——读《致我们终将逝去的青春》

郑志君

喜欢辛夷坞的《致我们终将逝去的青春》。青春如篝火，燃烧得越旺盛，成为灰烬的速度就越快，用“终将逝去”形容青春，再合适不过。

青春时期最适合勇敢表达感情，如同杜拉斯在《情人》里说的，爱情是一种不死的欲望，是疲惫生活中的英雄梦想。能像玉面小飞龙郑微一样，勇敢追求自己想要的，然后在伤痛中学会成长，的确是一场英雄梦。

“当我再见你时，我还爱得起吗？”多年后，郑微面对陈孝正的卷土重来，慌张而惶恐，但爱像覆水难收。

这世间男女在青春年少之时，大都会预想一个生命里的人，所以会等，等那个人出现，然后芳心暗许。有时，以为是等到了，便痛下决心，誓死相随。那时候年少单纯，以为能与子偕老，共度一生。谁知沧海桑田，不是劳燕分飞，就是有缘无份，投入他人怀抱。

陈孝正伤害过郑微，尽管如此，郑微恨他吗？也许曾经恨过，而后来呢，当初银亮亮恨的钢丝经历岁月的磨洗也许更加明亮但也早已化为绕指柔的绵软了吧。爱是……

阮莞恨赵世勇吗？对阮莞来说，爱情无可奈何。就这么一个小男人，不值得爱，可就是爱上了。一旦爱上了，就希望地老天荒，哪怕被欺骗千百次，依然相信自己没爱错，哪怕痛彻心扉，也总期待奇迹发生，期待他回心转意。最后，她的一句“我怀孕了”换来的是他的惊慌失措。那一刻，她的爱死了，伴随着那个小结晶从体内无情地滑出。

阮莞是很多男生的梦中情人，最不朽的青春也是最悲剧的青春，她用一辈子祭奠了她的初恋。在爱情里，她失魂落魄，令人扼腕。最后她死在了奔赴爱情的途中。为了在结婚前赴赵世勇最后的约会，为了她和赵世勇曾经的青春。

郑微以啤酒祭奠阮莞，陈孝正以回归救赎内心，林静努力唤回爱的能力，朱小北以遗忘告别过去……他们得到了许多，也失去了许多，无法用成败来形容。

老张给阮莞满天星，满天星的花语是甘愿成为配角的爱。“阮莞，我愿意成为你生命中的配角,无悔这一生!”这是老张的爱情观,多么伤感和可惜。爱要表达出来才好,可老张没说出口,他没有郑微的勇气,但不见得不好。不说就是不改变。永远不说就是永远不改变。也许这种朦胧的爱恋才是最美的永恒。

可是爱,到底是说还是不说?说了像郑微那样吗?不说,就像老张那样,一辈子站在你背后,看着你远去的背影无能为力、默默叹息?

有时,我们不选择爱情,不是它不够深刻,而是它太不确定。正因为不确定,才构成了巨大的吸引。青春就是充满着不应该、不确定,充满了爱与泪。

从逝去的青春梦中醒来,我们渐行渐远,人生如一场漫长的告别。

不是所有记忆都美好,不是所有人都值得记忆。大部分的人与事都会被时间之河无情地冲去;但与青春有关的一切,总会沉淀到河底,成为不可磨灭的美好回忆。

每个人不能重回的青春都值得不断回想,这正是我们需要青春小说的原因,不是吗?从里面我们看到各自青春的影子,怀念或遗憾,但我们不得不承认,即使是那样平淡的日子,也是人生中戏剧一样的一段时光。在人的整个一生中,也只有我们的青春时代最充满戏剧化了。

当某天,我们回忆起当年的青葱岁月,回忆每一个青春的过客,我相信我们脸上定会绽放笑容。

也是关于爱
——读茨威格《一个陌生女人的来信》

牛　鹏

犹记得张爱玲在作品《爱》中让无数人动容的那句话,“于千万人之中,遇见你要遇见的人。于千万年之中,时间无涯的荒野里,没有早一步,也没有迟一步,遇上了也只能轻轻地说一句:‘你也在这里吗?’”或许也是,从我们来到这个世界上的第一天起,我们注定是要去寻找那个要陪伴我们一生的人;在寻找之中,我们甘愿为其伤心痛苦无法自拔,更甚于愿为其撕心裂肺永世沉沦……“幸福”一词,注定是要为你所爱的人而书写,亦如“心痛”一词也在命中注定要为你爱的人而承受,因为我们心有所爱,我们终究是要为别人而活……

思绪万千,我却不知如何下笔,恍惚之间我发现世界竟然一切都是那么的虚幻。或许是《一个陌生女人的来信》中所描绘的爱情,让我也想永远沉沦下去,让我无法分清书中书外到底何处是现实。

于书中徜徉,默默地感受那个“陌生女人”似火似水的爱情无法自拔。那个可爱的女人哦，书中写道，“你看了我一眼，那眼光温暖、柔和、深情，活像是对我的爱抚，你冲着我一笑，用一种非常轻柔的、简直是亲昵的声音对我说：‘多谢，小姐。’”如此，那个陌生的女人便被那个作家用谜一般的目光击倒，我在想那个“陌生的女人”的心当时已经融化于那个作家的目光之中，那目光就如晨曦一般，破开了“陌生女人”所有的心防，让其永远沉浸下去，永远……

在爱情的驱使下，那“陌生的女人”在几年后再次去找那个作家，却发现那作家早已将其忘记，在“爱”与“陌生”之间两人种下了爱的种子。我想爱的“悲情”多在于此，你爱的如痴如醉，那人却淡然视之；你爱的是那么的刻骨铭心，那人对你确如平常；你用深情的眼光换来的只是一句“你是谁?”……在那个作家再次将“陌生女人”忘记后，她离开了那个作家独自生活，照顾他们两个人的孩子。书中写道“我可以在我的血管里感觉到你在生长，你的生命在生长，我可以哺育你，喂养你，爱抚你，亲吻你，只要我的心灵有这样的渴望。你瞧，亲爱的正因为如此，我一知道我怀了一个你的孩子，我便感到如此的幸福，正因为如此，我才把这件事瞒着你，这下你再也不会从我身边溜走了。”在这个傻傻的女人眼中。他们的孩子是她最大的幸福，只因为她深深地爱着那个作家……

梦，终究是会醒的。最后的最后，那个女人和她的孩子都去世了，临终前她寄了这封信给那个她深深爱着的作家，去述说她的一世情缘。这或许是她最后的愿望了，她终归是想让她爱的人知道她是多么的爱他。

于浮躁之中留下一丝宁静，于世俗功利之间留下一丝真情，于逐渐淡然冷漠之时留下一丝感动……爱了就是爱了，没什么道理。一切道理都是空话，因为人心是最难捉摸的，有人说她傻，有人说她笨，有人说她爱得不值，也有人说她爱得伟大。这些都可以说是对，也可以说是不对，爱情没有对错，也没有卑微与伟大，更不会被所谓的科学来解释。看完这篇小说，我留下的只有感动，爱情的感动……

浮士德和他的魔鬼
——读歌德《浮士德》

吴耀中

浮士德原本是一个年事已高的老头，顶着一幅日渐衰竭的皮囊，终日待在既是居室又是实验室的阁楼里，规规矩矩地活到年老体衰。当魔鬼靡非斯特因为和上帝打了一个赌来到浮士德身边之后，他的生活终于有了改变。

靡非斯特先是帮助浮士德恢复年轻的身体，重新获得生命力。每个活着的人都有生命，但却并非每个活着的人都有生命力。何止是年老的浮士德？就连许多正值韶华的人，也已没有了生命力，他们的生活简直死水一潭。不过也有不少年老体衰的老人依然对生活保持热忱。在帮助浮士德拾回对生活的热切渴望之后，靡非斯特继而又帮助他追求那些曾经想要追求但却未曾追求的形形色色。所以，紧接着就有了玛格丽特的不幸。

一个男人一生到底可以爱上多少个女子？恐怕会是来者不拒。只要你生得够漂亮，并愿意把心交给他，他是不会轻易说不的。何止是一颗心？他还想要你的身体呢。

当女人陷入爱恋之后，她是最可爱的。玛格丽特躲在门背后从门缝中窥视外面，等待爱人浮士德过来看望她。场景令人心动。然而也正是这番深情，加剧了日后不幸来临时她的痛苦。"你开始爱她爱得发狂，如解冻的溪流汹涌泛滥；你已经把爱情注入她心中，自己却熄灭了爱的火焰。"靡非斯特描述浮士德的这番话，拿来形容天底下绝大多数的男人也不为过。人，一面多情，一面无情。

在疲倦了和玛格丽特的恋情之后，浮士德又开始了新的追求——海伦。对于绝世佳人，通常伴随着倾国倾城的本领。在《伊利亚特》中倾了特洛亚城之后，海伦移驾《浮士德》，险些倾了浮士德的城。所以红颜祸水是表象，男人好色才是根本。

得到海伦，浮士德与她在西方的世外桃源阿尔卡狄亚度过了一段较长的宁静生活。二人生育了一个儿子——欧福良。欧福良天生不安分，有着拜伦式的激情与狂热，向往斗争和自由，也和拜伦一样，早早夭折。海伦舍不下自己的孩子，随他一道去了冥府。

此时的浮士德，追求虚幻的美过后的他，说了一句被认为是能够表现所谓浮士德精神的话：我要赢得统治权连同财富，事业是一切，声名乃虚无。我心中迅速生出许多计划：把狂暴的海水从岸边驱走，让无垠的大海变成有垠……他又有了新的追求。

相对于声名而言，事业确实更为实在。奥勒留在他的《沉思录》中也对声名做过思考。他表达过这样的意思：你要声名何用？就连现在的人都不理解你，难道你还渴望千百年后的人能够理解你么？

对呀，相比于一万个浮夸的看客，你是否更愿得到一个知己？

最终，浮士德得到了一座江山、一顶王冠、一笔巨大的财富……当然，还有死亡。他倒在自己的崇高理想与崇高幸福面前。

浮士德之所以能够成为浮士德，除了他的本性之外，更大一部分缘故是因为有一个靡非斯特。否则，他终究无法避免规规矩矩地老死在那间阁楼里。魔鬼靡非斯特或许不是别的什么，就是一种生命的冲动。每个人都有，但不是每个人的"魔鬼"都会和上帝打个赌，不是每个人都会和他的"魔鬼"定条契约，像浮士德那样。换句话说，绝大多数人的生命的冲动都是处于被压抑的状态。

为什么不与自己的"魔鬼"定条契约呢？难道你也想规规矩矩地老死在"阁楼"之中？

肉体之上
——读杜拉斯《情人》

杜士美

《情人》成就了两个人，杜拉斯和王道乾。一个是法国酗酒成性的老女人，一个是中国顶着人大代表头衔的老男人。它无处不散发着由对比碰撞而产生的情欲气息。

《情人》据说是极具自传性色彩，通过这本小说，世人见识了杜拉斯本人对于情欲之爱的带有自我意识的写作风格。创作《情人》时她已七十高龄，全文却围绕"我"这个法国少女对于性的初体验展开，这奠定了小说的迷离色彩。七十岁的杜拉斯在经历了无数次的性高潮后，以一个皱纹密布再难达到性高潮的身体写下通篇充满了"光滑""少女"这类词语的情爱小说，它的绝望气息是注定的。文首的那段有些浪漫口气却又显得自怜的经典片段成为《情人》中一个看似不和谐的因素，它仿佛是快进时间跳出来的独白，却让人洞悉了与其说小说不如说作者本人的灵魂世界。衰老是一个与情欲反抗的词，但是在衰老面前，情欲反而露出它的本性，让它上升到天堂的高度，让人痴迷，让人向往。因情欲脱胎出的爱情透出了一丝缠绵与摧残之美，伴随着时间的流逝，容颜的消失，却依旧驻扎心底，这种杜拉斯风格的爱情吸引着人性中带有同情与欲望的人群。

"我"以一个贫穷、家庭扭曲却年轻貌美，最重要是白种少女的身份出现在一群黄种人中，出现在让人联想到"暧昧"一词的湄公河岸，吸引了一个家庭富有、无所事事，更重要的是如周围千人一般的黄种中国男人。人种的差异、贫富的差异给人强烈的心理刺激。这种刺激伴随着大段大段的情爱细述片段而逐步加深。她与中国男子的爱情不仅仅来自高潮，同样爱他拥有的光洁的轿车、大把的钞票、高档的事物和不计代价的付出，这是她的情人给予她"爱情"里不可缺少的要素，但很明确，这也是爱情。文章的描写占了主要，对白显得次要，这让它更像一篇纯正的小说。爱情全然非来自于人类观念上的沟通、兴趣等等世俗的因素，说的直白点，它接近兽性，它来自一张可供男女做爱的床。这张床最后却成了"我"站在夹板上望着那辆接我去上床的车而低声痛哭的主因，"我"意识到原来"我"是那么深深地爱着这个中国男人。这个点也成了整本小说的高潮，它让《情人》变成了欧洲教堂里满墙赤身裸体的神，这是肉体之美的所在。

《情人》的结局成就了"情人"这两个字，让它与爱人、知己、婚姻、伴侣这些有现实味的词完全分割开来。它的隐秘，它的情味或许它的神圣皆来自于此。主人公皆向现实屈服了，加重了这份情欲之爱的私密性，人类对于私密的窥探兴趣数千年不变，于是《情人》便让人内心痛苦，久久也难以忘记。

《情人》的最后是什么？是杜拉斯带有现实意义的类似剧本之作《中国北方的情人》，"北方"二字显得那么扎眼和可悲。它的美学意义和文学意义完全不及《情人》，就好像你赤身裸体地躺在床上等待高潮，情欲之美在一通对白里大大减少。高歌爱情的人习惯去摒弃世俗、肉欲与物质，在人们努力地克制之下，爱情中最交融与原始的美感不再高尚，所以"情人"不属于我们，不属于任何一个人，包括你我都在内。

小说中的人名
——读小说的一种方法

应育梅

曾记得看过一个因名字而联想的故事：

钱玄同曾以为许广平之名与唐代名相宋口有关，因为宋口字广平，许广平又自号"景宋"，钱玄同则理解为那是"景仰宋广平"之意。这一猜想，颇有玩意。

只是后来，鲁迅解释：许的母亲姓宋，为景仰母亲，怀念母亲，才自号"景宋"。许广平与宋广平终究风马牛不相及。

不管怎么说，在每一个中国人的姓氏名字的背后，都会藏有一个不一定为他人所知、对自己却一定有意义的或美丽或伤感或纪念或寄托的故事。小说家又怎样对待自己笔下人物的取名呢？张爱玲在《必也正名乎》中说："我自己有一个恶俗不堪的名字，明知其俗而不打算换一个，可是我对于人名实在是非常感兴趣的。""为人起名字是一种轻便的、小规模的创造。""名字是与一个人的外貌品性打成一片，造成整个的印象的。因此取名是一种创造。"张爱玲自己的名字虽来自母亲的急中生"智"，但她对自己笔下人物取名却从不敷衍了事。

沈从文也是吧。他小说主人公的名字"翠翠""三三""柏子"等等，在城里人看来也许过于俗气、简单，但好像是故意要丢下那份华丽外衣的包装，自自然然，一如他人物的出生处，反而多了几许清新，在无形中让我们感觉亲切。

就拿《边城》中的"翠翠"来说吧！原文中"翠翠"之名的由来是这样描述的：

"为了住处两山多篁竹，翠色逼人而来，老船夫随便为她取了一个名字，叫作'翠翠'。"

从自然中而生，又"随便"取得此名，便又多了份自然随意。

后来，文章又写道：

"翠翠在风日里长养着，把皮肤变得黑黑的，触目为青山绿水，一对眸子清明如水晶。为人天真活泼，处处俨然如一只小兽物。人又那么乖，如山头黄麂一样，从不想到残忍事情,从不发愁,从不动气。”

这段精彩的描写,便是翠翠的出场,也让我们对“翠翠”多了几分理解:翠翠,名字的重叠,常见于沈从文小说主人公的名字中(如“三三”“萧萧”)。但唯独这“翠翠”,得了依山傍水的滋润,仿佛鲜活起来。叠字的名字读起来,像清晰悦耳的曲子一样,从口中惬意地涌出。口腔的全部细胞,仿佛都被熏陶了一番,还带有那么久久不能消去的恬淡明丽的记忆。

翠翠便人如其名,在自然的翠竹中成长,温柔美丽、勇敢坚强、活泼纯真。“牛羊花轿上岸后,翠翠必跟着走”,会“独自低低地学小羊叫着,学母牛叫着,或采一把野花缚在头上,独自装扮新娘子”,“也懂得在一些小处,起眼动眉毛,使家中长辈快乐”。

朴素的乡下人的名字背后,寄托了作者某种特殊的情感,包含了一个最容易打动我们的平凡、纯洁、健康、自然真实的小人物,自然少不了美丽湘西风情的熏陶培育,从而“构建了一个未经现代文明污染的自然状态下的湘西世界”。

作者是故意的,他成功地借翠翠的美名表现了一种“人生的形式”,“一种优美、健康、自然而又不悖乎人性的人生形式”。名字是一部作品的窗户,是一个人的代号,通过名字来挖掘小说,或许有些以偏概全、牵强附会,权当作为一个角度和切入点来理解小说吧!

孤独的拥有
——读《爱,是不能忘记的》

应育梅

张洁的《爱,是不能忘记的》没有曲折浪漫的情节,没有充满情味的场面,没有群峰迭起、此起彼伏,然而小说却深深浸透着一股撞击和震撼人心的力量,如一缕真诚的涓涓细流。正如清方薰所说的“发乎情,故能感人之情”。

很长一段时间,我一直困惑,亦如作者所说“那简直不是爱,而是一种疾痛,或是比死亡更强大的一种力量”。

假如世界上有不朽的“柏拉图爱情”,这大概就是极限了,而这段感情原本就是世俗人难以理解的,因为很多人没有勇气和真心去体验过。

因为这份爱情,母亲好像拥有了另外一个世界:纯洁神圣却又脆弱私密。母亲穷其一生,用生命敷衍这个社会,却无悔地把灵魂交给了另外一个世界。没有关于生与死的问题,只有孤独与拥有的孰轻孰重。

如果责任可以看成是江湖,爱就是乌托邦。人在江湖,身不由己,因为责任的束缚和自我的脆弱。可是爱的灵魂呢?于是江湖与乌托邦对决。很多人喜欢读武侠小说,或许是迷恋江湖吧。江湖讲伦理道义，好比法律和道义把夫妻紧紧地拴在一起以承担彼此的责任和义务。乌托邦呢？美好至极却可望而不可求，正如母亲对他的爱一般“她的精神明明日日夜夜都和他在一起，就像一对恩爱的夫妻”，可是“把他们这一辈子接触过的时间累计起来计算，也不会超过二十四小时”。母亲身处江湖却心驰乌托邦，生命与心灵断层。爱情不是悲剧，悲剧的是江湖。我想到了庄子的“独与天地精神往来”，虽没有办法形成一种完整的时代的氛围，却是心灵上的潇洒与云游。母亲在这点上像庄子。

蒋勋曾说过：人的本质是孤独的。犹如柏拉图在两千多年前写下的寓言，每个人都是被劈开成两半的不完整的个体，终其一生在寻找另一半，却不一定能找到，因为劈开的人太多了。

母亲是孤独的。明明她找到了另一半，可多少年来爱他的心却在爱情和痛苦里挣扎煎熬，“二十多年啦，那个人占有着她全部的情感，可是却得不到他”。他住进了自己的心，“任什么别的东西都装不进去了”。他和她之间，因为那“特别强大的爱情”而彼此相知、相爱、相恋却独不能相守。他与她的爱成为具体的视觉、听觉，刺激着每一个人，进而难以把持，迅速地蔓延着。于是她放弃一切温馨的、甜美的、幸福的生活，走出到一个会使自己分崩离析的世界，灵魂的拥有，孤独的拥有。

或许生命就是这样吧！在等待中寻找生命的价值，生命的意义就是寻找意义的过程，当你一直寻找时，那个状态才是意义。所以母亲在等待中孤独着，在孤独中拥有着。

“她分明至死都感到幸福；她真正地爱过。她没有半点遗憾。”

母亲的爱是孤独的，她分明就是和自己在恋爱；母亲又是拥有爱的，他和她分明就是被命运劈开的两半，结合在一起，才是一个个体。

这，就是爱，悲剧地拥有彼此的心灵，孤独沉重而又刻骨铭心。

小说中，母亲对爱不能忘记。可是，对于作家张洁呢，却还有后话。多少年后，相较于薄薄的《爱，是不能忘记的》，张洁的另一本厚厚的《无字》不再深情，而是无尽的沧桑。毕竟，人的生命是要在岁月中成长的。不提也罢！

人生：不诉离殇
——读路遥《人生》

涂加慧

悲剧的开始往往毫无征兆。命运伸出手来，把种子埋下，幽秘地笑着，等待开花结果的一天。“温泉水滑洗凝脂，夜半无人私语时”，大明宫韵华极盛时，谁会料到，结局竟是马嵬坡前“一抔黄土收艳骨，数丈白绫掩风流”？

命运伸出手来,我们无能为力,有些爱要用一生去忘记;恨,一样会模糊时间。

人生若只如初见,多好。他仍是他的旷世名主,她仍做她的绝代佳人,江山美人两不相侵。没有开始,就没有结束。可是,人生就是人生,没有如果,没有彩排,亦没有重来……

提到人生,便会有种莫名的沉重感,我们就会不由自主地将其提升到一定的高度,并赋予它一定的深度。的确,人生的摩天轮承载着生命的悸动在不停地转动,一点一点、慢慢地,然后消失,以一种类似永恒的方式存在着,等待着我们去品味。

路遥的《人生》也许就是这样的一种类似悲剧的存在吧。不是无情,亦非薄幸。只是我们一生中会遇上很多人,真正能停留驻足的又有几个?生命是终将荒芜的渡口,连我们自己都是过客。

人生就是这样,如此得变幻莫测。人好像总处在一个怪圈中,一个希望诞生,尔后希望破灭这不断循环的怪圈。一种希望的产生使人生霎时一片光明,似乎前路不再渺茫与难走;一种希望的破灭又使人生突然间一片漆黑,似乎找不到前进的方向与动力。正如现在的我们一样,迷茫、困惑,不懂得希望,亦不懂得追求,所以人生路上我们走得并不平坦。

高加林就是处在这个怪圈中的一分子,命运不间断地戏弄着他,巧珍的朴实、可爱、百依百顺没能最终留住高加林,高加林离开了巧珍而投入亚萍的怀抱,毕竟在爱中寻找和等待的一方都需要同样的耐心和默契。这坚定毕竟太难得,有谁会用十年的耐心去等待一个人,有谁十年之后回头,还能看见等在身后的那个人?有些人、有些事错过了,便是一辈子……

巧珍虽然很善良,有金子般的心,可是同样是金子,在乞丐面前绝对比在国王面前更耀眼。在巧珍的世界里,高加林就是那个国王,高高在上,只适合仰望,而马栓才是那个懂得珍惜她的乞丐,这样的人值得她托付一生。

高加林为了人生,做出了他认为的正确选择,抛弃了爱他胜过爱自己的巧珍——那个时时刻刻为他前途着想的女子,那个有着杨柳般摇曳身段和粉嫩脸庞的女人,走向了那个城市中的女子——那个有着高学历以及很好家庭背景的女人。是的,他的选择我们无可厚非,可是他并不幸福……

时间车轮留下的车辙向我们证实了亚萍和加林感情的脆弱以及巧珍金子般的心。高加林遗弃生他养他的土地去追求城市带来的希望,最后却又回到了原点,此刻桃花依旧人却面目全非。人生可能就是这样,有很多机遇和挫折,要看我们以怎样的方式去抗拒,这也许就是路遥向我们提出的问题,而高加林并非结局的结果似乎让我们看到了答案。有些人不一定是最好的但却是最适合的,可惜我们漠视这一切,追求着并不属于我们的,最后悔不当初。我们都无法挣脱这个怪圈,我们束缚着自己。或许这就是人生……

梦里花落知多少
——我读三毛

朱雨婷

第一次读到三毛的文章,我还只有十几岁,是从姐姐订的《语文报》上看到的一个片断:“我静坐了很久很久,一滴泪也流不出来。再次给自己的脸拼命去浸冷水,这才拿了油漆罐子向坟地走过去。阳光下,没有再对荷西说,签字笔一次次填过刻着的木槽缝里——荷西·马利安·葛罗。安息。你的妻子纪念你。”

虽然只有这么短短的几句,却深深地打动了我。从此也记住了三毛这个名字,也知道了她与荷西的爱情故事,那种浪漫过后深入骨髓的疼痛。

从《撒哈拉沙漠的故事》中,我知道了许多异域风情,认识了那些纯朴的人。特别是西班牙从撒哈拉撤退时,那些凄凉的故事一直沁入我的五脏六腑之中:“我蹲在远远的沙地上,不停地发着抖,发着抖,四周暗得快看不清他们了。风,突然没有了声音,我渐渐地什么也看不见,只听见屠宰房里骆驼嘶叫的悲鸣越来越响,越来越高。整个的天空,渐渐充满了骆驼们哭泣着的巨大的回声,像雷鸣似的向我罩下来……”这个结尾,读着给人的感觉,就像看着一个纯朴美丽的瓷器,在风雨中碎裂般那样令人心碎。

读三毛的作品,最能感受到的是三毛那种悲天悯人的情怀。在《哑奴》一文中,她写了一个穷得连身体都不属于自己的奴隶:“哑奴远远地就迎风打开了那条彩色缤纷的毯子,跌跌撞撞地扑向他的太太和孩子,手上绑的绳子被他扭断了,他一边呵呵不成声地叫着,一边把毛毯用力围在他太太和孩子们的身上,又拼命拉着他白痴太太的手,叫她摸摸毯子有多软多好,又把我塞给他的钱给太太。风里面,只有哑巴的声音和那条红色的毛毯在拍打着我的心……”

在这里,善良的三毛是多么的无奈,她唯有用手中的笔给我们刻画出这幅画面,让我们感动而又哀伤。

1991年,我在乡上发现供销社竟有一本《三毛传记》在销售。我如获至宝地买了下来。从这本书上,我才知道,三毛竟已经在当年离开了这个给她爱、给她遗憾的世界。

再后来,我只要看到三毛的书,就不顾囊中羞涩坚决地买下来。看她的《雨季不再来》《梦里花落知多少》,心灵总被那些纯情的故事打动。我也才了解了三毛,一个永远带着纯真,带着梦想,似乎永远也长不大的女人。她率性地赤脚走过万水千山,去寻找一个一个的梦。然后,梦又一个一个地破裂。

三毛之死,似乎是一种宿命,一种必然。她千寻万找,找到了自己浪漫而美丽的爱情,然后,这个爱情,又昙花一样,于一刹那间一瓣一瓣地凋落。留下了她,与这个世界格格不入的人……于是,她抛下了滚滚红尘,绝尘而去,把一生定格在最美丽的瞬间。

也许,在这个世界上,每一个人都有一个梦。但不是所有人,都能像三毛那样率真地去寻求;也不是所有人的梦,都像三毛那样凄美地定格于一个瞬间。

我们都是凡夫俗子,太沉溺于现实,也太在乎世俗尘世里的得失和物质的生活。我们都做不到像三毛那样的,超然于物外。这是我们的悲哀,也是三毛的可贵之处。与我们这些凡夫俗子相比,三毛就像一个飘然而来、飘然而去的天使……让我们相形见绌。

只是,那梦里,不知道,花儿又落了多少……

圣徒与罪人
——阅读《活着》

朱雨婷

至今还记得电影大师伯格曼执导的影片《第七封印》。一名十字军骑士在东征返回的途中遇到了死神的化身,当时正值欧洲瘟疫肆虐。战争带来的身心疲惫和家乡正在经受的苦难,让他对生与死充满困惑。骑士决定和死神赌上一盘棋,如果他输了,就让死神把他带走。

读余华的《活着》,不自觉地想到《第七封印》里的骑士。福贵从未思考生命的意义、死亡的真谛,但作者余华一定思考过。在苦难下,福贵如同大多数中国人,他只是"为了活着本身而活着的"。因而福贵不是一个"鲜活"的人,而是余华的一个观念的化身。在余华的小说世界里,他便是上帝。他说:"《活着》讲述了一个人和他的命运之间的友情,这是最为感人的友情,因为他们互相感激,同时也互相仇恨;他们谁也无法抛弃对方,同时谁也没有理由抱怨对方。"福贵因此诞生了,他的苦难也包含在余华的这句话里。可惜这些话写在小说前的序文里,福贵是看不到的。

每个行为的执行者并不清楚自身行为的意味。福贵不知道自己的言行在生活中泛起如何的涟漪,他知道的只是"活着"本身。福贵是地主出身,早年吃喝嫖赌,偌大的家业在他手里败光,看得我这个读者直想抽他几个大耳光。而这竟让他在后来的土改中逃过一劫,令人感慨"祸害遗千年"。在这里,福贵被置在罪人的审判席,等待惩罚。及至后面,福贵的亲人一个个离他而去,仿佛末日的审判,丧钟一天紧似一天,福贵受尽了生活的折磨。这是《神曲》里灵魂想要得到拯救,必须飞过的地狱炼狱吗?我不知道,但福贵的身上最终透出了圣徒的光芒。在承受苦难中,福贵表现了生命的伟大与坚强。晚年的福贵哄骗着老牛"福贵",对着虚空呼唤亲人的名字。这何尝不是对自己的欺骗？在这声声呼喊里，生命在福贵身上体现出脆弱与坚强。耶稣被钉在十字架上为他人赎罪。福贵为自己赎罪，在活下去的生活中默默忍受绳锁的勒紧。我观看希薇·纪莲的芭蕾表演《六千英里之外》，灵动婀娜的舞姿让我感受到的不是生命的自由，反而是一种生命的束缚。缚着无形的锁链，希薇摆动的双腿在束缚中愈加体现出生命的张力。福贵在死亡的压迫下更加凸显沉默的脊梁。也许在死去的那天，脊梁会弯成问号，询问一切的缘由。活着，脊梁便只能笔直，像一条路，需要福贵走下去。

《第七封印》里，骑士虽然明悟生命，但最终输掉了棋局，被死神带走。梦魇的结局刺激人的脉搏，我不敢想象福贵的结局。在《赵氏孤儿》里，一个个的人为了孤儿的存活而赴死，死亡与正义、希望相连。福贵呢？他消解了生命里形而上的意义，只是体现生命的底色。当我们说到“活着”，我们可能想到了吃饭、游乐、工作……但对于福贵，“活着”就是活着，别无他意。在这里，我们领悟生命本身的伟大，它不需要我们后天强加所谓的崇高。一个生命在继续，这已是最神圣的事迹，这便是福贵的圣徒之道。

上帝说：“申冤在我，我必报应。”福贵的圣与罪，还是留给冥冥裁决吧。“活着”只是生活的白纸，可供我们肆意地涂抹。

诉说心灵悲苦的民族史诗
——读迟子建《额尔古纳河右岸》

胡 叠

女性文学作品我看得不算多，但迟子建的《额尔古纳河右岸》我是完完整整地看完的，而且印象特别深刻。这本书不仅是第七届茅盾文学奖的获奖作品，而且也是描写少数民族的作品，所以我怀着极大的兴趣读完了它。

《额尔古纳河右岸》是第一部描述我国东北少数民族鄂温克人生存现状及百年沧桑的长篇小说，作者以这一弱小民族最后一位年近九旬的女酋长的自述来述说这个弱小民族的生存状态。

额尔古纳河右岸，鄂温克人逐驯鹿喜爱的食物而搬迁；额尔古纳河左岸，是天寒地冻的俄国。鄂温克人信奉萨满，勤劳勇敢，靠驯鹿而生。他们夜晚住在看得见星星的“希愣柱”里，并且随季节变换迁徙居住，夏天乘桦皮船在河上捕鱼，冬天穿着皮大哈和狍皮靴子在山中打猎。他们在享受沿岸无限美妙风景、接受大自然恩赐的同时也备尝各种艰辛，苦难既有来自于自然的瘟疫、严寒、猛兽，也有来自于人为的日寇铁蹄等种种现代文明冲击。他们在饱受苦难中人口渐少，这一民族在夹缝中艰难地生存，也曾在命运面前殊死抗争，但最后却只能眼睁睁地看着整个民族日渐衰落，无力挽回。

迟子建在小说后记中把小说分作四个乐章：第一乐章——清晨，单纯清新、悠扬浪漫；第二乐章——正午，沉静舒缓、端庄雄浑；第三乐章——黄昏，急风暴雨，斑驳杂响；第四乐章——尾声，和谐安恬、满怀憧憬。这应该算是这部小说最形象、贴切的概括了。

小说中有两个意象让我觉得眼前一亮，一个是“火”，另一个就是“风声”。火，在这一民族的变迁中有着不可替代的作用，它不仅是衣食住行的生存保障，也是温暖温馨的源头，更是光明希望的象征。只要还能看见那燃烧的熊熊火焰，鄂温克人就有生生不息的勇气和自信。而风声则是夜晚夫妻生活的形象比喻，主人公小时候总是在晚上能听到像风声一样的动静，随着年岁的增长，她有了属于自己的风声，她的两次婚姻经历已经完全明了曾经的风声是怎么回事。我想她应该也是懂得风声的重要性的，如果火只是在精神和物质上给予这个民族繁衍生息的保证，那么风声才是这个弱小民族繁衍生息实实在在的行动保证。

作品之所以能让我印象深刻，值得推荐给别人，就在于作者以简约之美写活了一群鲜为人知、有血有肉的鄂温克人。小说以小见大，以一曲对弱小民族的挽歌，写出了人类历史进程中的某种悲哀，这样气势恢弘、历经沧桑、深重悲凉的史诗特质才是我最为欣赏的部分。书中对鄂温克人居住环境、风俗信仰的描写如祛病除害的“跳神”，在四棵挺直相对的大树间“风葬”，更具备了文化人类学的价值。

在民族史诗这个题材上，迟子建的尝试算得上非常成功。小说无论是在语言风格上还是在情节结构安排上都非常到位，尤其是质朴言语中体现的民族性格，相当精彩，大跨度的时间更能表现弱小民族在各种挑战中的生存状态。更难能可贵的是，迟子建以女性视角来描写整个故事，更细腻地传达出每个人物在个人命运与民族生存中的心理，这样会让我们觉得，鄂温克人已在你脑海生存了百年，相当之真实详尽。

最真实的两性关系
——读渡边淳一《失乐园》

胡 叠

渡边淳一，我很喜欢的一位作家。他描写的两性关系细腻温软，真实动人。他的盛誉之作——《失乐园》，远比琼瑶的言情剧来得真切和深刻，永远是我心中的经典著作。

小说中，男主角山久和女主角凛子上演了一场缠绵悱恻的爱情故事，读来催人泪下，震撼人心。我欣赏凛子敢爱敢恨的性格，可对山久，心里的想法却有点复杂。他五十多岁的年纪还能为爱全身心地付出的确难能可贵，尤其是与凛子独处时的温柔照顾很让我欣赏。然而，越到最后，我越能读出深深的凉薄之情和无奈之感。这种感受主要来源于山久的妻子,对于曾经也是山久苦苦追求、甜甜蜜蜜生活那么多年的枕边人,她已经做到了为人妻母的最佳,却仍无法收回丈夫日渐逃离的心,想来她也是痛楚无处可诉才主动提出的离婚。对于一个平凡的女人来说,她实在是无可挑剔:身材容貌保养到位,工作能力有目共睹,相夫教子相当出色,她已属难能可贵。然而多年的操劳换来的,是山久日渐凉薄的身心。这样看来,山久的确残忍,为了凛子对妻女日渐冷漠,以致后来与整个世界都格格不入。可是,我并不多恨他,只觉得他很真实,真实到对妻子残忍的地步。

忠于爱情不易,忠于爱人也太勉强,婚姻就这样折磨着山久和凛子。工作压力、琐碎家事、审美疲劳……每个围城中的男女都无法逃脱。作为婚姻中的妻子,像凛子这样为爱痴狂定是不被世人所容,像山久妻子这样忍无可忍也定是受尽折磨。山久妻子做到了最好,没能得到最好;凛子得到最好,却不能与山久长久相守,女人的性福与幸福似乎总是这么尴尬。

作者似乎无意从世俗的角度来诠释这段婚外情,只是从最简单的两性关系着手,细致而深入地展现了山久和凛子爱情发展的全过程。也许这不过是个烂俗的婚外情故事,可若你真正走入主角的内心,也会被这真实而热烈的情爱而感动,虽然他们最终也不是合法的恋爱关系,却达到了为爱而死的至高境界。

我为主角的爱情感动,却为他们的爱人感到悲哀。

在我之前的价值观中,为爱众叛亲离远不如长相厮守、陪着对方慢慢变老来得温暖实在。故事的发展缓慢而细致,二人为爱痴狂前我只是欣赏,为爱痴狂后我就深深地感动了。他们如果没走到殉情这一步,故事也许只能是个烂俗的结尾。山久和凛子之所以选择以性交高潮时刻喝下毒药的方式殉情,是因为他们知道:他和她已是人到中年,遇到真爱死无可惧,与其看着对方完美的形象日渐扭曲,不如将时间永远停留在最最幸福的时刻。

我感到悲哀的是:山久和妻子,凛子和丈夫也曾经幸福地走入婚姻,却没能永远地拥有幸福的生活。山久妻子和凛子丈夫当初也曾是主人公的亲密爱人,在他们亲朋好友的眼中也曾是如此般配的一对。在山久和凛子爱情开始之后,两个家庭分崩离析。他,无力阻拦日渐出轨的爱人,死死不肯放手;她,看着爱人渐渐凉薄的身心,无奈放手。

渡边淳一用最细腻的笔触写出了最真实的两性关系,也用最真实的两性关系揭示了最现实的爱情故事:无法知晓爱情如何走向终点的想法威胁着每一个爱情故事,就如它的不可知一样令人害怕。

时间都去哪儿了
——读朱自清《匆匆》

胡 叠

朱自清的《匆匆》对于热爱他的人来说最熟悉不过了，依稀记得那里流淌着如诗、如画般的语言——“燕子去了，有再来的时候；杨柳枯了，有再青的时候；桃花谢了，有再开的时候。”

前段时间，经过一家不起眼的破旧书店，闲来无事便进去逛了一圈，里面的书有的已经失去往昔的光泽，泛黄的书页、破损的书角掩去了它曾经的辉煌，却触目显现着现在的落寞。随手拿了一本，正是这不经意，才有缘又品读了朱自清先生的《匆匆》——温故知新中再次触摸了内心的震撼。这震撼大抵来自于一种共鸣——当年，正是在青春年少的时候，朱自清写下了他的《匆匆》，而年龄相仿的我也已在不经意中耗去了自己的八千多个日子！朱自清的这八千多日子已经从他手中溜去，在叹息与惋惜声中如针尖上的一滴水流入大海，掀不起任何的波澜，在时间的河流里看不到任何影子，也没有声音。而我，过去了的八千多日子不也随风飘逝，似乎也没有留下任何可以让我去追寻的踪迹。生命的历史也是这样惊人的相似？

时光荏苒，岁月易逝，行逝在这样白驹过隙的光阴年华里，我们又该保持何种姿态去面对我们的存在呢？

王铮亮悠扬动听的一曲《时间都去哪儿了》，唱红了冯小刚刚上映的电影《私人定制》，唱亮了马年的春晚节目组，也唱醒了一批处于混沌、迷惘的观众。当他弹着白色琴键，对着话筒深情地唱着“门前老树长新芽，院里枯木又开花，半生藏了好多话，藏进了满头白发；记忆中的小脚丫，肉嘟嘟的小嘴巴，一生把爱交给他，只为那一声爸妈。时间都去哪儿了，还没好好感受年轻就老了……”是啊！时间都去哪儿了呀？沉浸在歌词里的我似乎可以感到有股凉意由心脏最深、最低处蔓延至周身，剩下的尽是落寞、无奈……

“去的尽管去了，来的尽管来着；去来的中间；又怎样的匆匆呢？”在这样短暂的时空里，生命的意义又该是怎样的呢？我们又该如何用彩色画笔去勾勒生命的画卷，增加生命的厚度？或许，唯有追求一个完美、有意义的过程才是使虚无孕育充实的制胜法宝吧。不甘在彷徨中沉沦的朱自清先生曾在《给俞平伯的信》中阐述了这样一个关于生命意义和价值的命题，他认为：“生活中的各种过程都有他独立的意义和价值——每一刹那都有每一刹那的意义和价值！每一刹那在持续的时间里，有它相当的位置。”因此，他在《毁灭》里写道，他要“一步一步踏在泥土上，打下深深的脚印”。

泰戈尔曾说：“天空没有鸟的踪迹，但它的确飞过。”朱自清先生也如是感慨：“在八千多日的匆匆里，除徘徊外，又剩些什么呢？过去的日子如轻烟，被微风吹散了，如薄雾，被初阳蒸融了；我留下些什么痕迹呢？我何曾留着像游丝样的痕迹呢？”也许，我们太过执着！也许，我们太过留恋！我们才沉落在自己的情绪之中难以自拔。其实，痕迹是有的，再开的桃花已不是去年的桃花，再青的杨柳也不是去年的杨柳，飞回的燕子也会渐渐地沧桑！

时间不懂人世间的情，它走了就不回来了。

可“时间都去哪儿了”的疑问却是必需的。正是这发问，生命才连缀起了它的过去、现在与将来。在时间的河流中，生命借助回忆和思想让自己获得了刹那间的永恒！

一曲深痛的爱情悲歌
——读考琳·麦卡洛《荆棘鸟》

胡 叠

若要推荐一部家世小说，澳大利亚女作家考琳·麦卡洛的处女作——《荆棘鸟》绝对是最好的选择之一。全书以梅吉和拉尔夫的爱情为主线，展开了一幅生动的新西兰-澳大利亚19世纪末到20世纪上半叶的画卷。

这部著作以梅吉与拉尔夫神父之间的爱情为主要线索，串起了几代人、多个地域的参与。作品的结构以七个不同的人物为主标题，通篇分成了七大块，即“梅吉(1915～1917)、拉尔夫(1921～1928)、帕迪(1929～1932)、卢克(1933～1938)、菲奥娜(1938～1953)、戴恩(1954～1965)、朱丝婷(1965～1969)”。小说从个人的一生发展经历来看待整个时代，但其中展示的历史和地理背景却是相当广阔的：横跨三代人，从新西兰到澳大利亚到罗马天主教廷到伦敦。

《荆棘鸟》所塑造的形象都非常典型，栩栩如生；情节没有拖沓，波澜起伏。小说可以挖掘的题材很多，包括移民、故土、自然、幸福、宗教、金钱、亲情等等，但最能打动人心的还是梅吉和拉尔夫之间的爱情。

当拉尔夫神父去火车小站迎接他们一家的时候碰到了梅吉，拉尔夫第一眼就被梅吉的气质和美貌所吸引，从此内心被这个女人所俘虏，再也没有逃出。梅吉从小女孩到少女情窦初开的过程，都有拉尔夫的精心关怀。梅吉对他的感情也由一种对于兄长家长的依恋之情，变成了男女之间的爱慕之情。在那个相对封闭的牧场环境里，在周围比较亲近的人当中，只有拉尔夫对梅吉温柔体贴、关怀备至，思想和知识上又是梅吉的老师，因此，拉尔夫必然成为梅吉生命中最重要的人。梅吉和拉尔夫之间的爱情是非常可悲而可叹的。梅吉几乎殉道士一样地对爱情的执着，拉尔夫在上帝和世俗面前的苦苦挣扎，都让人感受到一种人性的张力。

拉尔夫和梅吉的爱情就像那个美丽的荆棘鸟传说："有一个传说，说的是有那么一只鸟儿，它一生只唱一次，那歌声比世上所有一切生灵的歌声都更加优美动听。从离开巢窝的那一刻起，它就在寻找着荆棘树，直到如愿以偿，才歇息下来。然后，它把自己的身体扎进最长、最尖的荆棘上，便在那荒蛮的枝条之间放开了歌喉。在奄奄一息的时刻，它超脱了自身的痛苦，而那歌声竟然使云雀和夜莺都黯然失色。这是一曲无比美好的歌，曲终而命竭。然而，整个世界都在静静地谛听着，上帝也在苍穹中微笑。"

读者可以从那段描写荆棘鸟的文字中，感同身受到那生活的种种艰辛、人生的勇气、活着的血泪、生命的高歌！人生需要多多地经历，而往往经过最刺痛胸膛和心脏的荆棘的伤害，才能唱出人生的最强音——同时也是最美的音色！只有极少数的有心者，才会像荆棘鸟一样，不庸庸碌碌地度过这个人生，因为他们就像荆棘鸟一样，在人生中无怨无悔，奋力向前向上，经历命运的风风雨雨，面对荆棘，挺起胸膛，引吭高歌！

我们各自心中都有某些不愿摒弃的东西，即使这东西使我们痛苦得要死。我们就是我们，就是这样，就像古老的传说中那胸前戴着荆棘的鸟，泣血而啼，呕出了血淋淋的心而死去。咱们制造了自己的荆棘丛，而且从不停下来计算其代价。我们所做的一切就是忍受痛苦的煎熬，并且告诉自己，这是非常值得的。

因为最美好的东西只能用最深痛的巨创来换取……

薄荷与红玫瑰

——读张爱玲《红玫瑰与白玫瑰》

范恒娟

"第二天起床，振保改过自新，又变了个好人。"这是张爱玲在《红玫瑰与白玫瑰》中最后的落笔。天地不仁，以万物为刍狗。你说什么是改过自新、回归正途，要不要吃斋念佛一顿三个响头。对于烟鹂，振保想过："我待她不错呀！我不爱她，可是我没有什么对不起她的地方。我待她不能算坏了。"好像对于妻来说，爱与不爱都是累赘，谈这些虚无做什么。我不爱你，可我对你好呀，你为什么不知足呢？

因为伦理道德，因为父母高堂，因为风言风语，因为所谓适合，所以就结婚生子呗。振保所想的条件符合、恰如其分，安安分分地附着了一个女子的一生与幸福。相对于"人之初，性本善"来说，我更偏向于"性本恶"。人首先是个动物，自私很多时候都是理所当然的，在一言一行一举一动中自然流露。可以不影响热情，不影响善良，合理而又安分地存在着。正如振保说："就是她吧。"随手一指，烟鹂便结束了少女的朦胧与青涩，开始一个女人的后半生。在是个丈夫的同时，振保还是个乖孩子、孝子、成功人士。

这些该不该做？所以举棋不定常因不知道是归于自私还是人性薄凉。我自己没有亲眼见过薄荷，只是吃过薄荷糖；图片里的薄荷总是有种憨憨的感觉，看着挺好欺负，也许再爱我一次就如此成了薄荷的花语。薄荷之性凉，人性亦凉，总觉得薄荷该是人的前生。薄凉是个温柔的词，默然中便保持了距离，只留一副余温和空欢喜。阳光下静静归于泥土，好似风里都未曾有过呢喃。

我在2014年的3月，不知道过往的细节，不知道振保、娇蕊、烟鹂之间有过多少爱与纠缠，不过最后终免不了一个结局。多年以后的相见，振保失声痛哭，是悲痛自己和娇蕊，还是怅惘时间和爱情，或者只是当年的过往还欠他一场眼泪，所以在这里还给他。爱总若有似无的相似，正如青蛇、白蛇与许仙，你又能说到底是谁错呢？都有过念念不忘、恋恋不舍，好像在陈述着一个人的爱情，往往比两个人的长久。时间总是匆匆过，天地之间无停留。可一直相信爱从来都是温暖的，天地之间的两个人，相识相知相爱，柔软到不能自持，仿佛阴天都可以闻到太阳味儿。如果当时不是你，也许就爱了别人，可偏偏遇见了，所以就是你了。

娇蕊终于建好了房子，可房子没能成为家。外面卡车轰隆隆地过去了，我睡在床上，感觉也像是晃了几晃一样，卡车上的人要去哪里呢？不知道这次载的是沙子还是水泥。以后的不多时候又会有新的大楼盖起来，新的人住进去，或是作为结婚新房，或者只是简单的乔迁之喜，也都是开心的事。从小学起搬了四次家，每次的房子都是千篇一律地空空的，有着很白很白的墙，感觉很缺爱的样子。不过，不知道什么时候它就满了。墙上有我倒立踩的脚印子，有做饭熏出来的油烟灰，有钉大头针留的轻轻浅浅，满满都是过往的痕迹。

你还在想着你的红玫瑰吗？你的回忆里她还好吗？应该还是那么美吧。蚊子死了，没有说好的鲜艳红色，它停在墙上，只留了一点灰白。我打开窗帘外面白得耀眼，明晃晃一片，分不出真真假假来。记忆里总是有温存，可终归难抵过现实的温度。你要的从来都不是活生生的存在，虚空里的想象美吗？达到你的标准了吗？玫瑰白了，你见过它小时候吗？那时候她很乖，也很幼稚。饭凉了，今天你也没回来。

洪峰和他孤独的家园梦

饶 哲

东北的作家去云南，都会想着去会泽看看洪峰。虽然很多人并不喜欢洪峰的性格，但到最后，一点文字上的勾连，还是让大家相互间有一点惺惺相惜的关照，这是作为作家最值得庆幸的一件事，就如同我们读了一本很旧的书，突然想起写作者，想起写作者对我们的影响。

喜欢洪峰，喜欢他的特立独行。那时我们热爱文学的年轻人聚在一起，会说到很多有名或无名的作家，其中就有洪峰。那时我们真的像一群“追星族”一样，追求洪峰以及洪峰式的坦诚、朴实和随意。也是在那时，听到很多对洪峰不屑一顾的人说，洪峰是个疯子，洪峰是个流氓，洪峰如何如何，可我们不相信。

洪峰的小说我几乎读遍了，有一本印刷很粗糙的叫《重返家园》的书，甚至被我读了无数遍。后来我记住了洪峰一句著名的话：锦州是个好地方，锦州出美女。我猜不出好色的洪峰如何有这样的发现，但这话让我很久以后依然对锦州充满了好感。

洪峰的书可以不停地读，快乐的时候，悲伤的时候，或者孤独的时候。在我出外旅行的时候，我会带一本朱学勤的《书斋里的革命》，还有一本薄薄的洪峰的《你独自一人怎能温暖》。前者是实实在在有分量的沉，后者是读着读着内心里的沉——无数破灭的希望、期待和欲望，无处消解的惆怅，或者是旧的发黄的心情与故事，都在这本书里留下了或深或浅的痕迹。

那些文字依然属于洪峰，更坦诚、更朴实，却少了随意。以文字刻意展现的，似乎是一个没落文人的末世心态，这是最危险的选择；因为对文人来说，孤独不是最可怕的，最可怕的是孤独中的自卑自怜。读洪峰时常会忽然感觉他就像一只寂寞而美丽的蝴蝶，从丑陋的蛹壳里爬出来，展现了自己以后，又重新回到壳里面。

和洪峰早期的小说不同，这本充满了孤独和抑郁的散文集，集中了洪峰后来对生活的思索，人的或人性的。文字中找得到洪峰几年间生活的变化，那些对过去的平淡叙述，充满了感伤和悲哀。家园，这个近年来已经没落的名词，在洪峰敏感的眼睛里，似乎更具体到某个时间、某个地点和某次约会，泛家园思想已经破坏了我对洪峰耿耿于怀的家园的好感，开始怀疑洪峰也是在“作秀”，成为洪峰式的“伪善”。

其实洪峰是一个真正的文人。真正的文人总是孤独的，面对俗世有种天然的羞涩，有种本能的拒绝；面对俗世他们会很痛苦，接受或拒绝同样的尴尬。但我们依然需要真正的文人，孤独也好，寂寞也好，那些怀着赤子之心的文人，给我们带来的是对文化本身的认同,对生命个体的感知。

这几年里,少见洪峰的新作,连他的消息也都是在文学圈里才偶尔听得到。据说在会泽常常喝酒,偶尔和朋友啸聚,老了,那一代我们曾当作偶像膜拜的作家。幸好,他还留下了很多年轻过的文字,里面书写了令我和我的小伙伴们依旧憧憬和追求的梦想、希望和激情。

云南真的就是洪峰所期待抵达的家园吗?一切都是未知,或许他依旧在寻找,因为在一个作家的内心里,家园永远在远方。只是这一次上路,他只带上了身体。

《你独自一人怎能温暖》的封面很简单,暗黄色的衬底上,立着一棵树——多年前你可以说那树是独立的,而现在你只能说它是孤独的——愿等待温暖的洪峰像等待风来的树一样,心如止水。

刹那纯粹
——品《倾城之恋》

王　飒

张爱玲笔下一对现实中的庸俗男女——白流苏和范柳原,被命运掷骰子般地掷在一起。生存的艰忍,淡淡的情谊,屡屡试探,处处收束,恰又棋逢对手,却全是无可奈何。末了,在兵荒马乱中各取所需地成全了这段感情,战乱让虚浮的联系在相依为命的温暖中生出了柔韧的根,长出爬墙虎一样的日子,寡淡但常青,又像女人百无聊赖间匝出的针脚,细细密密但全是不易察觉的心血。

离了婚的白流苏,在娘家逐渐失去了立足之地,家道败落只留下艰难支撑的幌子,内里烂絮一般,望族的身份让她们走在强大的习惯之路上,毫不妥协或者认真妥协着,能撑一时算一时。未来的无望和现在的苟且把流苏逼进死路,但又让她发现活路,因为,她还有纤细的腰肢和孩子般萌芽的乳,但她已经28岁了,每个人都有自恃之处,只青春,没有就是没有,紧迫的情境下,她要的只是一纸婚契来换取现世安稳。于是她开始了一场赌注。

在与范柳原关系的开始,二人像冰山底下的潜流,自矜,试探,云遮雾罩地过招,以手指月并非月。范柳原亦真亦假地表白,絮絮叨叨,像国画里滴落的墨色,一点真心的流露被老练的技术渲染扩大;而流苏是墨色旁的留白,一两句的场面话为的是引出范柳原更多真假莫辨的剖白。两相映衬,绵绵情话里酝酿出浪漫的气氛,展开的却是一场猎人和猎物的角逐。只是二人都自认自己是猎人,期待能捕获对方,急不可耐里也生出来几分游戏的乐趣。

范柳原与白流苏追求物质安稳的目的不同。他要的仿佛是那点若隐若现的叶落归根的文化情结,他迷恋着白流苏孱弱柔软的身体和她一低头的温柔,但这些还不足以让他甘心被她缚住;他求的是精神恋爱,是精神慰藉,他希望流苏是他灵魂的伴侣;他要流苏懂他,他引经据典、自我剖白,但流苏都不能放下心防来靠近他。他们心中权衡盘算,沉默对峙,没有终结。

幸好香港陷落,一座城的倾颓,让他们发现只剩对方可以相依为命。一刹那,倾覆了心里的城府和算计,推倒了隔在心中的墙,他们妥协了,选择了平凡的厮守。相拥的欲望有时只是为了在抵达另一个身体时可以抚平自己的孤单,刹那的爱火之后,最终还会回归平静,无所谓有无婚姻这个形式,有多少厮守是因为爱情本身?男人是优质的长期"饭票",女人温柔贤淑、道德完美,这些仿佛就可促成一段厮守。所以厮守这个东西无法衡量坚贞,也不能判断对错,它只能证明在决心厮守的那一刻,他们彼此真诚过。白流苏最终达到了她原本的目的成了范太太,但倘若换了太平盛世,她还会如此"幸运"吗?或许她不过只是他生命里的点缀,然而一座城的颠覆已使流苏的苍凉成了另一段新的苍凉。

读《妻妾成群》

王 飒

苏童的《妻妾成群》借着古中国封建家庭模式作小说框架,用阴郁绮艳的笔法,写南方绚丽诡谲的光影下掩不住的腐朽虚浮,迷蒙湿润的空气里欲望、倾轧、苟且,都带着宿命的色彩,一群正年轻或年轻过的女人在稀薄的空气里挣扎,扭曲成不可告人的光亮,每个人都无路可逃,满院锦绣绫罗,最终化作花飘柳荡。

作为陈家新娶的四太太,颂莲有些不同。她是受过新教育的大学生,在父亲的工厂倒闭之后,发现"运动"与"解放"对生存毫无意义,于是她快速面对现实,用自己的"新"找了个归宿,她进入了陈佐千的宅院。这个院子像一个庞大的药柜,收纳着各式药材,新的、旧的,苦就作药,甜就作佐药的蜜饯,混在一起散发出地老天荒的悠长气息。在陈佐千的眼里,颂莲女学生的姿态是新鲜的,这种新鲜让他乐意预见颂莲床上的机敏与热情。热情与机敏作了药引,熬成一碗汤药,来供他产生老树勃发的感觉,掩饰日薄西山的绝望。只是病入膏肓的肌理哪里还有药可救,他的濒死掩饰不住,发酵着,弥散着,让整个宅院来分担他的绝望。

颂莲在绝望腐朽的气息中,出于生存的本能表现出来惊人的适应能力。她由不争到争,慢慢卷入沉默的厮杀,她害人也被害。为了获得有利的条件,每个人都在斗争中争取陈佐千这个筹码，不知不觉地掉入了陷阱，在杀戮中放弃自我。她们柔情似水，体贴入微，妖娆婀娜，彻彻底底成为了陈佐千的女人，安安分分地成为药柜中的一味药材，陈佐千榨掉她们的“人性”只保留“女性”，乐得享受这一味好药。

要成为一条杰出的猎犬就得灭除狗性，要作一匹优秀的马就要灭除马性，要成为一个称职的妾就得灭绝人性。三太太梅珊不服，被悄无声息地杀掉；颂莲服得不彻底，疯了。生命的“性”被消灭是成功或毁灭的必经之路，她们头破血流地殴斗、偏执、犹疑，对束缚的不屑，这些从生命本体上衍生的“性”慢慢死去。陈家的这群人仿佛是人的缩影，无休止的不安、虚荣、征服，迫使自己和别人成为某个确定的存在。囚禁自己，也囚禁别人，不由让人怀疑为了成为确定存在这种努力本身的价值。所有的讨论与定义都是基于需要的原则，比如对害虫益虫的定义，吃粮食是害虫，不吃粮食就是益虫。陈佐千作为这个院子里的主宰者，以自己的需要来打磨女性，在旧的新的之间来回奔走。故事的结尾，第五房太太文竹作为颂莲的补充被送进这座院子。陈佐千给自己的无望找到了更猛烈的刺激，希望营造生生不息的氛围；文竹比颂莲更年轻，更鲜活。颂莲的故事结束了，新的故事又开始轮回。

灵魂的盲者
——读《推拿》

王 飒

毕飞宇的《推拿》写了一群盲人。故事在“沙宗琪盲人推拿中心”展开，盲人从三天的黑暗过渡到三年的黑暗，然后是永久的黑暗，过渡的漫长让他们在给自己找到身份归属后忘记了黑暗。忍了，然后就认了；认了，才算真盲，心里才开始明亮起来。和普通人一样，他们要面子，要柴米油盐，要梳洗打扮，要争取爱情，踏实地踩在地上，裹在时间里，随时随地成熟然后衰老，悄无声息地填补着“健全人”和“盲人”这个群体划分里的缝隙。

普通人无意识地把自己和盲人间的缝隙放大，省力地划分成两个群体，自认为善良地表达“感同身受”这类的废话，自以为是地将弱肉强食的生存法则与残疾人分割开，看热闹般地赞扬盲人的自食其力：没饿死，没冻死，就很了不起。对于盲人的尊严，书里的“都红”做出过反抗，一次慈善义演上失败的钢琴演奏让她放弃了音乐；然而放弃并不是因失败而产生的难堪，而是演奏失败后，她仍然获得了雷动的掌声和赞美。这种“宽容”让她感到自己成为“健全人”感动的出口，健全人需要利用她的盲去生产励志或者珍惜之类的情感，健全人陶醉在善良里傲慢地施舍感动。倔强到近乎偏执的自尊让都红与健全人的世界宣布决裂，遵守了群体划分的规则，躲进同类中来避免伤害。在一个相对平等的平台上，他们对彼此的窘迫不以为奇，即使生活依旧无限苟且，但也得到了在健全人那里难以感受的尊严和温暖。

然而，都红真的会获得她想要的有尊严的生活吗？或许在刚开始的时候，她可以，她与金嫣产生了非同一般的友情，工作可以让她产生"自力更生"的满足感。吃喝玩闹，日子貌似朝着她希望的样子发展，直到她的手指被夹断，她成了盲人中的残疾人。原本的平衡被打破，仿佛时光倒流，推拿中心也开展了一次似曾相识的慈善捐款，她再次被划分到弱者的群体里，她"矮了所有人一截子，矮了健全人一截子，同样也矮了盲人一截子"。她的盲人同伴变成了那群"健全人"。她只好再次离开，寻找适合自己的归属。

在精神层面上，人人都可能是盲人，强者施舍怜悯，弱者为弱不尊，都明确地进行地位划分。他名正言顺地赠送，强迫着你感激涕零地接受；你义正词严地利用自己的弱项，期待获得更多利益，都有各自的用场，各取所需形成一套循环。都红不介怀自己盲，而是介怀自己不同，归根到底她也像健全人那样把自己划入一个群体，借由群体来获得尊严和安全感。她的清醒来自对自卑的反攻，她认可的规则不过是一场对健全人的模仿。人活在各自的情景里，都在无意识地盲目，起码在灵魂上，我们的盲目平起平坐。每个人好像都没逃掉。

不应遗忘的历史
——读《夹边沟记事》

王 飒

《夹边沟记事》讲述了一段尘封四十来年的历史。作者杨显惠历经数年，大海捞针般搜寻和采访了近百名当事人，完成了这部纪实性小说。书中所指夹边沟，在今甘肃酒泉，从1957年10月到1960年底，原本被关押的近三千名"右派"在天寒地冻的沙漠中，几乎吃尽所有能吃和不能吃的东西，活活饿死，到1960年底，幸存者已不足一半。

白描的手法，平实的语调，克制的情绪，冷静得近乎残酷，杨显惠将一幕幕饥饿与死亡的惨烈情境撕裂在人们眼前，以纪实撬动历史，吹落灰尘，还其血肉，那些埋葬在一组数据底下的生命终于有机会展示他们曾经鲜活丰富，他们有他们的故事，他们有面对死亡与饥饿的姿态，而不是一摞伪造的病历和寥寥几字的死亡报告。

在某种极端的境遇面前，人会褪去所有纷繁的面目，露出白森森的残忍和坦荡荡的热忱。每一个糜面饼饼、每一个土豆、每一把炒面都有它确切的意义，它们的指向——活下去，变得清晰、狭窄。曾经坚持"志士不饮盗泉"的俞兆远成为了神偷，一捧豌豆一把炒面他会冒着生命危险去偷;九死一生出逃的李祥年被姐姐和母亲强行送回劳改所,因为怕连累;医生将未死之人推入停尸房只为了霸占他的一块表。但今天的我们似乎又不能只是苛责,在生命都无法维系的时刻,尊严与生命权衡实在太过沉重,高尚者与卑鄙者间的界限恐怕也只是一线之间吧!而在这样的情境下,那个背丈夫尸骸回家的上海女人;在苍漠里互相扶持着出逃的师徒不由我们不为之震撼。这些人性的闪光让书里的词语、句子都除去了以往的大而无当和浮华,变得饱满、纯粹,像刚被生产出的婴孩,粉红鲜嫩得显出勃勃生机。

在无情的政治力量面前,个体生命变得渺小和不值一提。生命只是政治链条里无关紧要的一节,没有一滴雨会认为自己造成了洪灾。人与人之间互相倾轧,为了某个响当当的口号,不知就里地,自己的骷髅成了斗争的垫脚石。无数人在混乱时代被碾轧出的激情铺撒成一张密密的网,张开来,底下覆盖着血肉人生。时间无涯,将这些血肉熬煮着,煎成一碗碗汤药,希望终有一天,历史的疖肿可以被人正视,流出它的脓血,流得干净、彻底,粉生生的肉芽快速长满填平这个凹洞,重新恢复光泽、触感。

夹边沟嵌在这个世界的零星角落,发出一星一点的光芒。若没有杨显惠这样的作者,这世界还有许多看不见的残骸,夹边沟作了他们的挽联,悄悄地湮灭在历史的洪流里。太阳下山了,远看像一座饱满圆胖的红坟。暮色苍茫,把一切过滤干净,留给明天。幸好有明天。

《活着》
——悲剧的力量

王　飒

余华的《活着》通过展现“福贵”的一生,抽丝剥茧般地剥开了一代人的伤痛。没有拉开序幕的期待,没有高潮的澎湃,也没有落幕的怅然,身边的亲人只是死了死了又死了。在命运的洪流里,人极为渺小,孑然一身,生与死,纷至沓来。

书中年老的福贵在对人生的回忆中,对自己的一生充满了满足。他平静地叙述了自己曾遭遇的各种变故,从败家子到被拉壮丁,再到作为丈夫、父亲、外祖,不同际遇和身份的交织与变幻,使其体会到了生命的悲苦与无常。接踵而至的命运有溺水的窒息感。在贫乏的环境里,战争、革命、亲丧,都无改朴素生命最卑微的欲求——活着。有人会认为《活着》是苦情,太多的机巧和转折,难以令人信服。苦情和悲剧是完全不一样的,苦情是比惨,更关注个人得失;而悲剧是有力量的,因为其足够巨大,能包容人的渺小,它有神性的慈悲和怜悯。所以福贵嫖过圆滚滚的妓女,经历过丧亲至痛沧海剧变,却仍能抱着家珍说:“你们要好好过。”所以家珍看着有庆冰冷寂静地死去,却仍能够对酿成有庆惨死的春生说:“你要活着。”

他们的命运像古希腊神话悲剧一样无法违抗。在《活着》里苦难来自命运的不可抗性,而不是来自人性的畸形和扭曲。压抑的人生走向中仍能看到温暖,漫漫黑夜中仍有点点光芒。福贵吃喝嫖赌败家,被抓壮丁,家珍却坚守着家庭,对福贵不离不弃地追随。他们有他们的信仰和逻辑,因为没有人生短暂的意识,所以没有那么多动摇,人生一趟走下来,无意中竟也追求到了永恒。逃兵老全说:“只要想到自己不死,就死不了。”福贵的母亲说:“人只要活得高兴,穷也不怕。”他们逐渐活成了土地的样子,宽广、博大,把一切苦难作为“活着”的一部分接受,并且平和乐观起来,顺带着获得了坚韧的品格。

余华在序言中提到他听到的《老黑奴》,老黑奴在所有家人离世后还可以平和地对待世界,毫无怨言。生命既是朋友又是敌人,不停地给予他折磨和伤害,无论如何也难以把握命运,徒劳、无奈;但一方面又有希望不断涌来,有卑微的活着的欲求,有亲人相偎的温暖。命运抽空了身体的一部分,但还可活着,那是生命必须承受的重量。到了生命尽头,孤身一人,福贵不需要希望也可以踏实地活着了。

活着,只不过是一个事实,人和万物同样是存在的一种。人们苦苦追寻活着的本质,但难以有答案,或许探索本身就是虚妄。小说的结尾,福贵和老牛在夕阳下同行,“广阔的土地袒露着结实的胸膛,那是召唤的姿态,就像女人召唤她们的儿女,土地召唤着黑夜来临”。我们不能祈求无灾无难,但愿有无论多大的灾厄来袭,人便有多大的气力撑过来。

规则里浮沉的生命

——我看《白鹿原》中的田小娥

王 飒

前几天在微博上看到电视剧版的《白鹿原》公布了人物定妆海报,便点进去看了一眼,九张人物海报的背景是做了模糊处理的乡约。白嘉轩背后一张乡约平平整整,众多小字里跳出的八个字是:“见善必行,闻过必改。”鹿子霖的背景则一片卷皱,跳出的四个字是:“能睦亲故。”九个人物的背景里,乡约或卷或皱,字或多或少,都仿佛说着浮生的泥沙俱下,人物的一招一式、一姿一态在乡约的映衬下都有了出处,有了名目。独独田小娥穿着枣红色棉袄挽着发髻,侧坐着,似笑非笑,一张纸平坦整洁,背后一个字都没有。

《白鹿原》里写了三类女人,活在规则里的女人、冲破规则的女人和在规则里挣扎的女人,她们的代表分别是白吴氏仙草、白灵、田小娥。规则的制定是为了约束人,也给了被约束的人最大的庇护,让人心安稳在自己的角色里。吴仙草信规则,所以规则让吴仙草这类女性活在父权的荫蔽里,安分地齐其家。而田小娥呢?规则给了她什么?嫁给郭举人做小老婆,她承受的是身体和心理的双重倾轧;和黑娃相好,却不能名正言顺进祠堂。在她扮演的每个社会角色里,既有的规则都不能为她的存活争取一席之地。一个让弱者难以生存的环境也许靠着规则可以维持表面的堂皇,但是当弱者的委屈逐渐发酵壮大以致长出了牙齿,她会朝着你最薄弱的环节亮出獠牙。对于白鹿原这个固若金汤的堡垒,田小娥以身体为武器进行着一场巨大而漫长的渗透。她委身于鹿子霖,勾引白孝文;她承受不了的压迫与沉重借由着情欲作为出口;她满足了自己,也发泄了委屈。作为被规则排斥的异类,她最悲哀的是无论什么事情,只能拿身体挡,身体比纸还贱。田小娥被逼上了一条荆棘丛生的路,美丽是她的原罪,哪怕被划得遍体鳞伤,她也无法挣脱规则,她依然要与白鹿原上的吴仙草们同行,折腾了一辈子,心里要的都还是个终身有靠。

有些规则很寂寞,有的很悲哀,都有各自的活法。生活的百转千回,安身立命是大事,可是也敌不过命运狭路相逢的捉弄。芸芸众生在时间的裹挟中,不好说生命厚赠或薄待。田小娥像是一个先锋,被误解是表达者的宿命,她有自己独立的火,看得见红炎炎的光听得见劈劈啪啪的爆炸,迫不得已的勇敢让她成为悲剧英雄。白嘉轩和吴仙草们捍卫时代的规则,兼济族人、持家育子,无愧时局,然而在即将到来的时代,新规则制定者的发展壮大必然使他们成为新规则里的田小娥。世道怕是很公平吧,竟然没有人能看到自己的背影,也无法回头拥抱不同规则下错位的生命。白鹿原用沉默送走死亡,迎来新生,涧户寂无人,纷纷开且落。

爱的反噬
——谈《高老头》的“父爱”

鲁洋洋

爱,我想是宇宙间最可爱的词,乌鸦反哺,卧冰求鲤,不管是过去还是现在,人还是动物,我们都能感受到爱。无论是时间的延伸还是空间的拓展,爱从未被时间的浪潮所淹没。因为爱就像冬日的阳光,给人以温暖;像沙漠中的清泉,给人以希望;像夜空里的歌声,给人以慰藉……亲情,友情,爱情,一直是我们所歌颂、所渴望的爱,但一旦这些爱变得畸形,我们会被这些爱反噬。高老头的爱就是这样的,为爱痴狂,最终沉沦其中。

《高老头》是法国作家巴尔扎克的作品,它有两条主线:高老头对两个女儿的爱和拉斯蒂涅的“奋斗史”。故事主要讲述的是在伏盖公寓里住着各种各样的人：穷大学生拉斯蒂涅，歇业的面粉商人高里奥，外号叫“鬼上当”的伏脱冷……高老头刚进公寓时是很有钱的，他每年交1 200法郎的膳宿费，衣着讲究，每天还请理发师理发，连鼻烟匣都是金的，后来因为他两个女儿一次次地压榨，变得一贫如洗，公寓里的人戏称他为“高老头”。作品的结构很巧妙。拉斯蒂涅是故事的叙述者，他不仅叙述了故事，而且参与了其中，这就把两条主线紧密地联系在了一起。拉斯蒂涅见证了高老头从不知疲倦的奉献到最后的绝望死去，领教了被金钱吞噬了心灵的女儿的冷漠无情，埋葬了他最后一滴泪水。高老头被爱吞噬，拉斯蒂涅见证了这悲催的故事。

高老头对女儿无穷的爱我们不能否认，但当这种爱没有底线，没有原则，变得扭曲而畸形时，我们不禁感到恐惧：这已经不是父爱了。高老头宁愿做一只宠物，只要能每时每刻陪在女儿们的身边，这已经是一种极度的依恋和占有。他把女儿当作自己的情人，她的一切都美得无与伦比，可他又极力撮合大学生和女儿，只因女儿觉得幸福。这是一种如何复杂的情感，我们绝不能称之为父爱。真正的父爱是有自我，有原则，有尊严的。如宠物般的爱，如情人般的爱，注定了高老头不能拥有爱的幸福。如作品中说：“‘父亲和我们在一起时，一切都得围着他转，有时也真让人不自在。’这句话是产生一切忘恩负义行为的根源。”不是所有的爱都是理所当然的，父爱亦如此。高老头没懂，他的女儿亦不会懂。

高老头爱女儿，为女儿穷尽了一生，可在生命的最后挣扎中也没能见到他的最爱，女儿们未曾对父亲的付出而心怀感激。我们在同情高老头的同时，是否应该反思：虽然爱得真诚，爱得深刻，可，爱得正确吗？爱不是一味地付出，也不是紧紧地束缚，而是在爱的同时，别人感到快乐，自己也能收获幸福。不要以为爱了就没错，爱错了就不知对错。

不做寄居者
——读严歌苓《寄居者》

庞霖杰

那是一个战火纷飞的上海，那是一个把种族歧视这种性格缺陷发挥到最大化的时代。人命的卑贱与尊贵取决于国籍，取决于肤色，与个人毫无关系。这样的世界里的人千万别妄想着公平正义，因为那本就不属于那个世界——纳粹破坏下的世界。

严歌苓从独特的女性视角出发，描写了一个生在美国长在美国的中国女孩跟父亲回国后的经历。美国给了这个女孩独立的人格和思维，以至于她不顾父亲的反对，爱上了一个犹太人彼得。为了让彼得活下去,她不惜出卖自己的身体与爱情,去为他谋求一个肯收留他的地方。最终成功的她却发现她的彼得已被世事变得面目全非,而她却爱上了那个自己千方百计要欺骗的人。

人性在这一刻呈现出不同的特点:有些人安于现状,破罐破摔;有些人相信信仰,虔诚祷告;有些人努力反抗,希望改变现状。可还有一些人,他们一点儿也不想破罐破摔,他们不管做什么都那么认真,相信只要吃苦一切都会好起来。据说,犹太民族是世界上最聪明的民族。那些聪明、多才多艺都是被逼的吧,被逼着聪明,被逼着像彼得一样学习十八般手艺。幼时的犹太孩子就被教导学习自己喜欢和不喜欢的东西,这样看来,犹太父母们是多有忧患意识,他们生活得又是多么的心惊胆战。一个不知道什么时候会被抛弃的民族,一个没有国土肯收留的民族,一个不知道什么时候会被屠杀的民族,一个习惯在末日前照常过活的民族。死亡和灾难留下一个个缝隙,他们在其中独善其身,学习十八般手艺,延续他们顽强的生命。也正是没有国土,他们住在哪里都会把自己融入哪里,他们不是任何地方的寄居者。

只是那样的时代终是会改变人的,它把一个高贵善良有同情心的彼得,变成了一个唯利是图、不择手段、麻木冷血的人。彼得是很好的学生,那时的上海教会了他生存之道,他学得比任何人都好,也变得比任何人都麻木。May是爱彼得的,但她爱的是最初那个温良无害的彼得,可是她爱的那个彼得在那个环境下是无法生存的。"不管你变成什么样子我都爱你",这样的结局显然让我对这句情话产生了怀疑。你不能说May爱彼得不够深,可问题出在哪呢?在热恋初期,May说她的爱就像是一件衣服,弹性极大的衣服,得体随身,包裹着彼得,他胖也好瘦也好,长着长着歪了,畸形了,都不要紧,它是随着收缩的。哪一个女人会去对她爱的人挑三拣四呢?可最终May还是因为彼得的改变而离开了他。真的爱一个,是不会轻易放弃他的,你会想方设法地让他为了你变好,或者是安慰自己可以包容他。May一直在努力,她奢望着彼得变回曾经善良的样子,她一直在怀疑自己是不是不爱彼得了,人在这时总会挣扎,因为有时候你爱不爱一个人,你爱的是曾经的他还是现在的他,你自己都不清楚,但当May走下船的时候她比任何人都清楚,她不爱彼得了。我一直认为爱就是护短,爱一个人就是包容他的一切,不管他变成什么样子你都会爱他。可我却没有经历过,更没有设身处地地为别人想过,倘若你爱的人面目全非,或是他与你的世界背道而驰,你还会一如既往地爱他么?

May最终发现原来自己才是一个寄居者,尽管她有着美国户籍以及肯接受她的祖国,可天性自由散漫的她却没有定性,到了中国想美国,到了美国又想回中国。而那些没有国土肯收留,寄居在别人国土上的犹太人,他们不管到了哪里,都会把那里作为他们的故乡。

这是怎样的爱情?
——读《少年维特的烦恼》

汤娟娟

《少年维特的烦恼》是歌德早期的代表作,他给年轻的歌德带来了世界性的声誉。歌德以亲身经历为素材,表达了渴望争取自由爱情的理念。小说以书信体的格式写就,描写了少年维特对绿蒂的爱情,以其丰富的内心感受和所遇到挫折的哀伤打动了无数读者的心。

仔细品味小说,让人完全忘记书中的文字,而感觉好像在和维特直接对话,聆听他诉说深陷爱河的幸福感和由于种种矛盾而无法排遣的烦恼。第一封信中写道:"我多么高兴,我终于走了! 好朋友,人心真不知是什么东西! 我离开你,离开自己相亲相爱的、朝夕相处的人,竟然感到高兴!"维特富有激情,对灰暗的现实极为不满,他渴望逃离现实生活,去寻找另外的慰藉。后来在舞会上,他认识了让他倾心的姑娘绿蒂,深深地陷入了情感的漩涡,他为自己眼中的天使怦然心动,甘愿被其俘虏而深深地陶醉在这幸福之中。可惜在他最幸福的时候听到了绿蒂已经订婚的消息,有着婚约的绿蒂,把维特推到了一个极其尴尬的位置。

维特是视情感重于理智的典型。他的感情过于纤细,性格过于脆弱,是个对月长叹、对花落泪的青年,"人生如梦"的感叹不停地在心中回旋。他反复抒发心灵感受,厌倦灰暗人生,大段大段的景物描写正是他内心情感独白的折射。正如他第二次回到绿蒂身边的时候,悲怆的情绪使得他周围的景物和他的心情一样,已是一片"萧飒的秋意",这过于忧郁的性格为他的爱情悲剧埋下了伏笔,也正是这易感伤的性格决定了他对情感的无法控制。

绿蒂对于维特来说,犹如沙漠中的海市蜃楼,可望而不可即。维特的观念世界和现实世界发生了猛烈的碰撞,使他卷入了一个纠缠着情欲与伦理的漩涡。他也试图去摆脱这种痛苦的三角关系,他强迫自己离开绿蒂并去寻找一个新的工作岗位,可是虚荣无聊的现实让他绝望,即便再次回到绿蒂身边,也无法成全他对绿蒂的爱,最终造成了他不堪的心理重负,只能让自己跟随着这破碎的爱自我灭亡。

那么,绿蒂呢? 从小说中,我们可以看到绿蒂是爱着维特的,书中有一段话是这样描写绿蒂处于情感纠结中的:"这么考虑来考虑去,她才深深地感觉到自己衷心的暗中希望着一件事,虽然她不肯自己明白承认,这就是把维特留给自己。与此同时,她又对自己讲,这是不可能的,不允许的。"最终,绿蒂认识到自己已是阿尔伯特的未婚妻,所以她选择放弃了维特，使自己走向了“正常”的婚姻，这是她与维特不同的地方，也正是这不同，不仅埋葬了他们的爱情还埋葬了维特。

爱情是一段路程，不同距离，不同方向，导致了不同的结局。维特的悲剧，在于他把爱情看得太完美了，最终落得找不到终点，也回不到原点！

薄伽丘：以佯狂表达正义
——读《十日谈》

汤娟娟

1348年，在佛罗伦萨发生了一场瘟疫。瞬间，尸横遍野，人心惶惶，死神的冷笑回荡在耳际，一切仿佛像世界末日那样地肃杀。一群青年男女为了躲避瘟疫，相约逃到城外的田园中去寄情山水。那田园犹如世外桃源，鸟鸣莺啭，于是青年男女们席地而坐，在这如诗如画的美景中，依序讲起了一百个“奥妙”的故事。

在西方经典的文学作品中，《十日谈》常常被主流批评家冠以“现实主义”的称号；但在某些学者看来，《十日谈》似乎并不尽符合“现实主义”的特征。全书开局倒具有后现代主义风范——尸骨遍地、疫病传播，其后，一群年轻俊美的少年私逃出来，在无人问津的田园别墅中暂居数日，靠唱歌跳舞，纵论风月来消磨时光。在命危的艰难时刻，这群年富力强的富家子弟们并没有想到如何解决瘟疫之策，反而泰然安生、抱膝畅谈。他们说到吃饭时遇到地狱中的幽灵现形（第五天故事第八），这些怪异之事明显是不可置信的虚构之说，那么作者异想天开自行臆造，究竟是想表达什么意图呢？

薄伽丘曾说，《十日谈》乃为“太太小姐们”“消遣解闷”时之用。从某一层面上看，此书确实是这样。不知是作者恶趣所致，还是中世纪的意大利风气开明，全书对男女之事、人伦礼法毫不理会，诸如诱奸、出轨、骗财之事也常给予正面评价。到了《第七天》，作者更兴致大涨，专写奸夫淫妇私通之事，并且大肆赞美偷情的妻子，嘲笑捉奸的丈夫。全书出现次数最多的人物是卡拉德林，此人并无丧德之劣行，只是“头脑简单”，屡屡受人捉弄，有些学者则怀疑薄伽丘与此人结下了私仇，因此拿小说来谩骂泄愤。

薄伽丘又常常揭发教会之荒淫无耻、泯灭人性，在第三天的故事四中，写某修士传授给一个朋友修仙秘诀，趁朋友苦行修炼之时，与该朋友的妻子偷情寻欢。这些道貌岸然的修道士固然可恨，但是受骗的愚夫愚妇更加可悲。一个个荒诞不经的谎言，竟能为之坚信不疑。如果说以上仅仅是《十日谈》“反神性”的话，那么之后的“倡人性”便呼之欲出（第四天的第一个故事）。作者在《十日谈》中为了把自己想要表达的观点以狂欢化的方式表达出来，他必须首先营造适应所讲述故事的狂欢化环境，即营造一个思想的自由和胆量。然而,这十位青年既是故事的讲述考,又是故事的欣赏者和参与者。

用类比法来看,《十日谈》与《聊斋志异》颇为相似。这些作品戏谑不羁,虽呈现着大嘲讽,却隐藏着大悲剧,正所谓“满纸荒唐言”,“一把辛酸泪”。

读《十日谈》,我们不必上下而求索,只需走出书本,看着这大千世界,便会心有灵犀,无须多言。

年老人生的况味
——读张中行《剥啄声》

张大秀

最近读了张中行先生的《剥啄声》,感到无尽欢喜。文章第一句话:“剥啄是轻轻的叩门声。”就让我不敢弄出些许声音,安静地,细细品读,生怕打扰了这一番静谧,打扰了这寂寞与期盼的甘苦味道的流溢。

中行先生是20世纪末未明湖畔三雅士之一,与季羡林、金克木先生合称“燕园三老”。他在钻研古典文学以及思想史的同时,也涉猎佛学、哲学等诸多领域。先生一生低调淡泊,专注治学,无欲无求,季羡林先生称赞他为“高人,逸人,至人,超人”。也许此生我也无能达到先生的境界,却不可不乐享先生创造出来的品味孤寂人生的宁静超然。

思绪放空,人在独处,寂寞的时候却也总是希望有个人可以想着他,念着他,来看看他的。“且说我为什么忽而想起写这个呢?是一年以来,也许越衰老心情反而不能静如止水吧,有时闷坐斗室,面壁,就感到特别寂寞,也就希望听到剥啄声。”希望,希望有个人可以来关心,爱护我们。无论是少男少女怀春,希望有个人送来自己的疼爱;分别的恋人,盼望对方传来的晚安问候;还是老人遥望远方等待儿女归家的看看,闭目回想曾经老友的叩门……总是希望有个人挂念着我们。寂寞,等待,期待,无形物色摸不到,却又无处不在。侧耳,听,是剥啄声传来了吗?

叩门声有大有小,有急有缓。轻轻的剥啄声给人的行为增添闲适感,而声大而急的敲门声会让人感到是出了什么意外。沉思时,轻轻的剥啄声会给人带来心灵的轻触,给环境更添一丝幽韵,而急促的敲门声会打破寂静,打断思绪,给人以惊乍之感,可与朋友到来的欢喜,与挚友急切相见的热情相比,这又算得了什么呢?朋友相见,寂寞消解,何等欢欣。

“常人,活动于世间,入室卧床,出门坐车,东西南北,南北东西,已经够繁冗了,却还愿意,哪怕是短时,住在有些人的心里,所以为人忘却,纵使只是自己的想象,也是很难堪的。”我们都只是这个世界上的一个常人,喜欢被关爱,被在乎。“住在有些人的心里,哪怕是短时。”动人的同时暗含苦涩。多少人心里住不下别人，却又想住进别人的心里去，想要更长久地存在于别人的心中。存在或被存在，我们总会是想着：或许某一天，会有个人进入自己的心中；希望有一天，能够住进某个人的心里。只因这世上那么多人，多少人相遇、相伴，最后发现，也只不过一个看客。住进或被住进，都是一种善意、一种缘分，当爱来临，记得珍惜。

在期待剥啄声中，先生静静地躺在摇椅上，手捧一本书，呼吸着墨汁的气息，思索、品味着这寂寞的苦涩与甘香。慢慢地，一阵剥啄声在心中荡漾开来。哦，原来是你来了。

温柔世界
——读西西《像我这样一个女子》

刘婕妤

她说：“像我这样一个女子，其实是不适宜与任何人恋爱的。”可是她还是爱上了如他的名字一样温暖的夏。她是一个入殓师，当夏以为她是一位美容师时，她没有立即去澄清，她不忍心再让夏感到不安了，选择了沉默。可她又是倔强的，爱就不想有任何隐瞒，所以最终，她决定带夏去参观她工作的地方，从咖啡厅到她工作的地方仅三百步。这三百步之后，夏是去还是留，一切将尘埃落定。故事也在这里戛然而止，只留下读者还在故事开始的地方，驻足、幻想。

她究竟是怎样的女子？许多看起来很矛盾的性格特征，却又那么真实地契合在了她的身上。

作为一个入殓师，她并不勇敢超然。天若有情天亦老，这样一个弱女子，又如何能做到真正的无所畏惧。在命运面前，她又何尝不是一个弱者？有许多事情，她又何尝不是在被动地接受？

这样一个温柔、暖和的女子，是什么促使她选择这样一个职业？连她自己也说道：“这是如此令人难以忍受的职业。”是为了报答怡芬姑母对她的养育之恩吗？还是被生活、被现实所迫呢？像她这样一个女子，不善言辞，又没有什么知识，可能很难在这个社会上立足，学会了这样一项技能，就可以“不愁吃穿，也不用靠别人来养活你了”。可是真正的原因，可能连她自己都不知道，正如她说的那样，“对于命运，我是没有办法反击的”。

对于生命中不可知的神秘面，我们天生就有一种原始的胆怯。在这种胆怯面前，吹了气的勇气，不过是一层糖衣。人们从她们的手中感觉到另一个深邃的国度的冰冷，所以他们害怕了，即使她的手是暖的，她的心是热的，她的眼睛，是会流泪的……

她的愿望很简单，只是希望凭借自己的技艺，创造一个“最安详的死者”。虽然这只是一场徒劳，她也不会因此得到任何奖赏，但这是她日复一日重复单调生活的一种慰藉。她温柔地为死者擦拭身体，抚摸过他们的脸颊、额头，为他们梳好头发，点上口红。可当她面对一个年轻的为爱自杀的男孩时，她本以为他会是她创造“最安详的死者”的对象，但后来她不但打消了这个想法而且拒绝为他化妆，因为她觉得这个男孩的所谓的安详的面容只是一个表象，他的本质是极端懦弱的。是啊，连死都不怕，为什么要害怕活着！在面对生与死上，她也是如此纠结。

她就是这样一个女子，她因为爱而隐藏起来的伤口，让人如此心疼，至少在她的心里温柔还在，她用她温柔的方式对待这个世界，就像在尘埃里静静绽放的一朵花。我多想给这篇小说续上一个我认为美好的结局，但是后来我发现，无论夏是否离开，都是最好的结局，不是吗？开始也好，结束也罢，我都有我的想象，她的眷恋，只愿她，像她这样一个女子，能被这世界，温柔以待。

仁者，爱人

——我读“国学”之一

红　袂

樊迟问仁。子曰：“爱人。”

可是，孔老夫子好像不那么地道。关于“仁”，不同的弟子来问，他回答的都不一样。颜渊问仁，他回答：“克己复礼为仁。”子张问仁，他又说：“能行五者于天下，为仁矣。”哪五者呢？恭、宽、信、敏、惠。在子贡面前，夫子的回答却又是：“夫仁者，己欲立而立人，己欲达而达人。”

夫子是个因材施教的老师，不同的人需要修正的地方也不一样，所以他的回答也不一样。面对“多言而躁”的司马牛，夫子告诫他，仁就是说话要缓慢而谨慎。只是，几千年后的我们没有夫子的弟子们那么幸运，听不到夫子这样量身定制的教诲。我们只能从古人的只言片语当中，自己去感悟。

时间是世间最伟大的存在，能穿越时间暗河留传下来的文字，总是熠熠生辉。这些熠熠生辉的文字，像一幅幅被拆散的拼图，让有心人在拼接的时候找到乐趣，找到感动，找到豁然开朗。

仁，从人从二。人总不能独自地行走在这天地之间，当我们前不见古人，后不见来者的时候，总是情不自禁地怆然涕下。仁，二人，一个是自己，一个是他人，这是人对同伴的渴望。然而，人渴望的不仅仅是“同伴”，他还渴望生存，渴望胜利，渴望财富，渴望优越……

那么多的渴望，堆叠成一堵意念的墙，最终将我们和我们渴望的“同伴”渐渐隔离，让我们再也分不清“同伴”的面孔和野兽的面孔有怎样的不同。我们终于又成了天地间那个怆然涕下的人。

要拆开那扇意念的墙，就要“仁”，就要让我们心里能装下“二人”，尤其是装下“自己”之外的那个“他人”。“他人”是谁？是国君，是臣子，是父亲，是儿子，是老人，是孩童，是无穷的远方和无数的人们。要像耶稣说的，“你们要别人怎样对待你们，你们也要怎样对待他们”。要像夫子说的，“己欲立而立人，己欲达而达人”，“己所不欲，勿施于人”。

不管是耶稣还是夫子，都是在告诉我们：仁者，爱人。“爱人”是仁者一切行为的出发点和原动力。

因为“爱人”，所以“克己”；也只有“克己”，才能“爱人”。克制内心那蠢蠢欲动的贪欲和猜疑，才能“君君、臣臣、父父、子子”，才能感受到无穷的远方和无数的人们的苦痛与欢乐。

因为“爱人”，所以“恭宽信敏惠”。如果说“克己”是内修，那么“恭宽信敏惠”则是外为。对人恭敬就不会受到别人的侮辱，对人宽容就可以获得别人的好感，为人真诚就能赢得别人的信赖，为人聪敏就能为别人做成事情，对人有功就能发动别人，从此不再孤军奋战。

遗憾的是，孤家寡人从古至今都不曾少过。孟子说，“仁”是天底下最宽广的住宅，而人总是选择离“家”出走。人们不仁，并不是不再渴望同伴，也不是因为“仁”很难做到，而是因为他们常常被其他的“渴望”牵引而远离了“仁”。正如钱穆先所说，“慕富贵，厌贫贱。处常境而疏忽，遭变故而摇移”。只有道德高尚的君子才能在一切情境中都不会抛弃“仁”，在一切时势中都能安于“仁”，这也是他们被称为“君子”的原因。

“仁”真的离我们很遥远吗？子曰：“我欲仁，斯仁至矣！”

义者，宜也
——我读“国学”之二

红　袂

子曰：“君子之于天下也，无适(dí)也，无莫也，义与之比。”

——题记

正如孔夫子所说，天下的事情是没有绝对的。没有绝对要做的，也没有绝对不能做的；没有绝对亲近的，也没有绝对疏远的。然，天悠悠地悠悠，我们又该如何在其间自处？我想，一个品格高尚的人，或者愿意自我完善的人，都应该听取夫子的教诲："义与之比"，把义作为一切行为的准则。

子曰："君子义以为质，礼以行之，孙以出之，信以成之。君子哉！"

君子应该以"义"为原则，依礼而行，谦逊地说出来，实实在在地做好它，这就是君子！其实，以"义"为原则不是意识的难点，什么是"义"才真正耐人寻味。"义"本来就是一种"气"，不小心捕捉，捕到的就只是风，捉到的也只是影，何况时间流转几千年，"义气"更变得像被浓雾笼罩的花朵，让人看不分明。

那就让我们还回到先贤那里，从他们的言语里追寻一些蛛丝马迹。

《礼记·中庸》中说："义者，宜也。"宜：应该。做该做的事情，说该说的话，让世界呈现该呈现的样子，这就是人与人相处、人与天地相处的要义，一切来得简单而自然。天地有大义，然"人法地，地法天，天法道，道法自然"，这是老子的教诲，也是千古不易的密码。天人合一，是世界存在的终极理想状态，是天地大义的终极目标，也是人类前行的光明大道。走在这样的光明大道上，我们在人与物之间选择可持续发展，我们在人与人之间选择构建和谐的社会。

可是，当人们踏上征途的时候，会发现世界并不是在简单地线性发展。一次次的碰撞，一次次的抉择，"义"遇到了新的困惑。比如，当一批批真的勇士"舍生取义"时，谁去填补他们离去后的智慧空洞、人格空洞？又如，当一批批得"大道"者无限地"容下"时，包容是否还是包容，而不是纵容？

义者，宜也。"宜"，要表达的不仅仅是方向，还应该有适度，"舍身"有度，"容下"有度。这让我想起一个故事，夫子在弟子颜回死去的时候，哭道："噫!天丧予!天丧予！"这是老师失去学生的苦痛，也是父亲失去儿子的苦痛，更是思想家失去传人的苦痛。然，他爱颜回，却不能因为爱而忘记自己是个大夫。所以，当颜路请求夫子卖掉车子为颜回治办外椁的时候，夫子却拒绝了。行走在茫茫人海，别人的存在是重要的，自己的存在也不可否认。过犹不及，过分的仁慈是愚钝，过分的刚强是狂妄，过分的谨慎是畏葸，不分对象的诚信会害人害己……

义者，宜也。"宜"表达的还应该有通达。哲学家说，人不可能两次踏进同一条河流。运动是绝对的，变化是绝对的。唯有天时地利人和，万物才能生机勃勃。所以，人们要因时制宜，因地制宜，因人制宜。所以，忠君不一定是良臣，弑君不一定是贼子。"言必信，行必果，硁硁然小人哉！"说话应该诚信，做事情应该做出结果，但更应该分清是非黑白，不分是非的诚信和坚持，只能让人啼笑皆非。

唯有通达，唯有适度，唯有走在天人合一的大道上，才能让世界呈现它该呈现的样子。义，从我从羊。"我"是手拿着的戈，是武器也是仪仗。羊是牺牲，是祭礼。当我们行走在天地之间，感觉到宇宙无穷而不知所措的时候，我们用一颗虔诚的心向天地祈祷，而天地有厚德，"义"就是它送给人类最丰厚的馈赠。

智者乐水
——我读“国学”之三

红　袂

子曰:“知者乐水,仁者乐山。”

不知道这个世界上还有多少人愿意做“仁者”,但我知道这个世界上有太多人愿意做“知者”,哪怕是自己做不了“知者”,也一定要让孩子实现自己的愿望,越来越多的早教机构就是明证,越来越多的补习班就是明证。

有智慧自然是好的。吃够了“治于人”的苦,谁不想挤进“治人”者的行列呢?在世间碰了那么多壁,谁不想潇洒从容,不惑于世呢?“世事洞明皆学问,人情练达即文章”,也只有智者才能“知人”,才能“世事洞明”,才能“人情练达”。

世人明白“智慧”的好处,就好像明白“蠢货”是个贬义词。但是,人们在追求“智慧”的时候,常常偷换概念,将“智慧”替换成了“智力”。

是的,“智慧”不等于“智力”。智力,只是一种能力,而智慧却不仅仅是一种能力。

子曰:“务民之义,敬鬼神而远之,可谓知矣。”夫子在这里给樊迟讲明了对“鬼神”应该有的态度,也给我们讲明了“智者”应该有的关怀,那就是“务民之义”,带领着人民走上“义”的道路。

智慧不应该是一匹无缰的野马。无缰的野马,只能生活在遥远的大草原,远离人烟,而智慧要像水,是人类时时刻刻的必需品,和人亲近。也许,智慧也像马,那也一定是被人类驯服过的千里马,是人类的忠实伙伴,带着人类走上“义”的光明大道。

真正的智者,从来都不是单纯的智者,因为他们不仅仅拥有世间最灵敏的思维和超凡的能力,更拥有世间最温柔的内心,像水一样的内心。智者知人。他们不仅仅懂得自己,也懂得他人,他们看穿世事而不绝望,他们洞察人情而不冷心。兼济天下是和天下人的亲近,独善其身也并非对天下人的远离。有道无道,真正的智者都会和天下人并肩站在一起,即使穷途末路,他们也会养精蓄锐,等待时机。

因为真正的智者,也一定有一颗仁心。

“天地以成,群物以生,国家以宁,万事以平,品物以正”,这是水的能力,也是智者的能力。以各种形态存在于自然界,但从来不和自然相违背,泽被万物而不争名利,这是水的情怀,也是智者的情怀。但只有拥有对天地人间的仁爱之心,才能真正地滋养万物,才能公平公正地对待万物。只有拥有一颗“仁爱”之心,才能在“厚德载物”的同时,“自强不息”;才能不安于自己一亩三分地里的个人自在与安宁,而是站出来去罹受世间的苦难，聆听弱者的呻吟，用自己的生命之汁去浇灌真善美的花园。

哪怕处于俗世，“智慧”和“仁德”也不可分离。“知及之，仁不能守之；虽得之，必失之。”那一批批身居高位腰缠万贯的人们，他们的智力自是高出常人，然而最终都纷纷落马，为什么呢？不是他们的智力不够，而是他们失去了那一颗“仁心”。私欲膨胀起来的贪婪，让他们早就偏离了“义”的轨道，然多行不义必自毙。不能用“仁心”守护自己的拥有，最终只能是失去一切。

“知者乐水，仁者乐山。”只有水没有山，水就无所依傍，无所依傍水就不能存在。有山有水才有这大好的江山。高山流水，才能震撼天下人的灵魂，才能成为千古绝唱。

罚站于历史边缘的沉默
——读高彦颐《缠足》

陈雪梅

当缠足在新的时间与空间里，逐渐失去文化光环，有多少人会用一种客观并且无歧视的眼光，来审视缠足这一行为？又有多少人能够避开过渡时代从缠到解、从解到缠的错乱步调，以鉴赏的姿态思考缠足存在于历史中的合理性？

在高彦颐的《缠足》一书中，“缠足不是一种负累，而是一种特权。缠足的存在，不仅是为了向外在世界宣告身份地位和可欲性，对于女性本身而言，这还是自尊的一种具体体现。”越过过渡时代的时间落差，在古人眼中，缠足无疑是那个时代美的象征。这一在现代人口中难以启齿的尴尬遗产，在当时，甚至还标榜着身份、地位和自尊。所以，无论是东方女性的缠足，还是西方贵族小姐的鱼骨束腰裙，都是那个时代美的载体，是她们仰视时尚、宣告特权的所在。

就像灰姑娘的姐姐们，追求自身的完美，是她们身为女性渴望得到幸福与美丽的欲望。这种欲望建立在自残的基础上，她们切去的是自己的脚趾，损害的是自己的身体，以疼痛为代价，争取自己想要的，而最终得到的却是所有人的唾弃。其实，追求完美本身无错。她们做出了别人不愿意做出的牺牲，而这种牺牲足以使她们攀向竞争的高峰，赢得更多的掌声。只可惜，她们生活在一个纯洁美好的童话故事里。

“女性并非受害者，而是具有能动性的主体。”缠足，并不完全是男性或外界强迫所致，而是女性的能动选择。也许，现在的女性完全不屑于用那种自残的方式来取悦男性或展示美。然而，她们此时脚下很可能正踩着一对十二公分的锥形鞋跟。正如面对缠足一样，我们没有资格说穿高跟鞋、贵妇鞋是花钱找罪受或者虚荣，因为那种痛并快乐着的矛盾感受是几乎每个女人都从内心里表示理解和赞同的。不是虚荣，不是浮夸，而是对美的一种实实在在的追求。

那个时代,“不缠足无法想象,就如我们没有人会选择缠足一样”。如果不缠足,“她将受人耻笑鄙视,而且还会被当成婢女对待”。窅娘缠足是为了取悦李后主,但将缠足这一扭曲的行为演绎成时尚潮流下的壮举的,又是哪些人?正如高教授所说,母亲给女儿缠足,被缠者却被“戒缠足会”的叶牧师视为“妖姬”,“他全然没有提到男人的责任或身为共犯的角色”。然而,在反缠足运动的过渡时代,女人的小脚“凝结了传统中国的种种偏差和不足:压迫女性、故步自封、蛮横专制、漠视人权等等”。在基督教义的逻辑看来,竟然有人出于自愿残害自己的身体,实在让人无法理解。最可笑的是,他们觉得“缠足对上帝所垂爱的男性构成一种性威胁”,将缠足女子视为阻碍中国赶超欧美资本主义国家的“妖姬”,而缠足,便是他们最为痛恨的一项国粹。

于是,女性的声音在男性精英的议论中被永久地封存于历史。他们要求她们缠足,他们鄙视她们缠足,他们欣赏她们缠足,他们痛恨她们缠足,这正是父权制社会中最诡异的存在。女性在由男性观点构成的历史框架下,以沉默的姿态,被他们罚站于历史的边缘。她们丢失的不仅仅是自己的声音,更是个性及存在感。这,正是缠足史中无法弥补的最大缺憾。而我们,也许还能够在高教授的笔下,寻求到点点安慰。

别样的村庄

韩娇娇

“羊啃几口草,喝一口汪在牛蹄窝里的雪水。牛蹄窝是羊喝水的碗……当羊群走远,汪过水的牛蹄窝长出一窝一窝的嫩草,等待秋天转场的牛羊回来。羊蹄窝也汪水,那是更小动物的水碗。”这是去年一期《新华日报》文艺副刊头条《转场》里的文字。文字干净,有张力。干净缘于简洁,张力来自作家对一花一世界的爱意与诗情。

多年走在文学边缘,我对当代作家不熟悉。读完《转场》,没留意作者名字,就去读下一篇。不久,读漓江出版社年度散文选,又读到《转场》。这回,才知道千把字的《转场》只是散文《游牧新疆》里的一节。此时,这本年选读到三分之二了,这篇文章让我眼前一亮。该重视一下作者了,读完文章,回头翻看作者名字。这人叫刘亮程。

百度一下,了不得:刘亮程,“20世纪中国最后一位散文家”,“乡村哲学家”。淘一本他的散文集《一个人的村庄》来读,爱不释手。“有时,我会花一晌午工夫,把一个跟我毫无关系的土包铲平,或在一片平地上无辜地挖一个大坑……就因为那么几锨,这片荒野的一个部位发生变化了,每个夏天都落到土包上的雨,从此再也找不到这个土包;每个冬天也会有一些雪花迟落一会儿——我挖的这个坑增加了天空和大地间的距离。”这样的文字让我着迷。

读《一个人的村庄》那几天，每晚坐在床上，就着床头灯细细品读，完全被刘亮程的文字折服了。有时被文字里的诙谐逗得笑起来，有时惊讶于作者独特的视角，引发许多联想与思索。一会儿掩卷沉思，一会儿忍俊不禁。被一本书弄得神经兮兮，真的很幸福。担心大脑兴奋，影响睡眠，看看时间不早了，我跟自己商量，再读一篇就睡。一篇读完，忍不住又读。每每读到凌晨一点以后，才合书睡觉。

读完《一个人的村庄》，又买他的《在新疆》来读。读着读着，味道寡淡起来。不是后一本书写得不好，是因为审美疲劳。事实上，读《一个人的村庄》后半部分，味道就开始淡了。读完这两本，我再没读刘亮程的作品。

刘亮程被抬得那样高，除去商业炒作因素，大概在于他看世界的独特眼光和内心充盈的诗意。他笔下的树、狗、驴、野兔、路、房屋、风、雨、火，甚至死人、传说中的怪物，都跟人一样活生生，有哀有乐，有伎俩，甚至会思考。刘亮程以诗走进文学，故而他的散文世界是灵动的，浪漫的，诡谲的；他笔下的"形象"，其实是一个个"意象"，是超越现实的别样存在。他在《一片叶子下生活》中写道："我们不要家具，不要床，困了你睡在我身上，我睡在一粒发芽的草籽上，梦中我们被手掌一样的蓓蕾捧起，越举越高，醒来时就到夏天了。扇扇双翅，我要到花花绿绿的田野转一趟。一朵叫紫胭的花上你睡午觉，一朵叫红媚的花儿在头顶撑开凉棚。谁也不惊动你，紫色花粉沾满身子，红色花粉落进梦里。"在刘亮程的"村庄"里，我们是"虫子"，抑或虫子是"我们"？

当下以"写实"和"思辨"为主流的散文中，刘亮程的作品无疑是"另类"，令人耳目一新。他以独特的笔法，营造了属于自己的村庄，别样的村庄。

然而，在刘亮程的"村庄"徜徉久了，新鲜感消退，它就不那么吸引人了。作家不要怪读者喜新厌旧。喜新厌旧是人的本性，这种本性驱使我们探索新世界，创造新文明，不断优化人类生存繁衍环境。我们为什么阅读？除了汲取知识，增长才干，还想获得现实条件不能满足的体验，这里面有情感与思想。如果一篇小说故事情节老套，叙述陈词滥调，人物扁平，思想肤浅，读者是看不下去的。散文也是。

重复自己，是一个作家的悲剧。写作，最难的是突破自己。以独特的视角、另类的语言写下个性的文字，营造异于别人的世界，你将获得成功。如果你老是重复你的"个性文字"，它就没有个性了，总重复展示自己"异于别人的世界"，那个"世界"就不"异"而"同"，"同"于你自己。一个作家经历有限，生命无恒，如何才能突破而不重复自己？我想，思想是无限的，这应该是突破点。思想与生命、经历不同，它是无形之物，不受时空限制。它可以深邃无底，可以宽广无边。作家在这片广阔的天地耕耘，必有丰厚的收获。

思想，对作家来说可以拆开来讲。"思"是思考，是作家对生命、人伦、宗教、情感的思考结果；"想"是记忆、体验、想象，是作家眼里、笔下不同于常人的异象世界。刘亮程的新乡土散文,描绘了不一样的“村庄”,带给人新鲜愉悦的审美刺激,同时,他将人生的思考含蕴其中。这也是给他冠上“乡村哲学家”桂冠的缘由。但是,他的思考还嫌不够深入,缺少彻入骨髓的穿透力。这是他的软肋,是他难以挣脱“平原效应”的症结所在。

写到这里,我想起周国平的一篇短文,也是在《新华日报》副刊上看到的,题目叫《被撞伤之后》。他在被撞伤之后,作了深入思考。周国平认为,人到老年病痛增多,这个年龄的一个任务就是学习忍受肉体痛苦,把它当作客观之物接受,有意识地和肉体拉开距离,从而变得精神化。所以,人生最后一个阶段的主要使命是精神化,让灵魂上升到肉体之上,淡然于肉体的遭遇,为诀别肉体做好准备。哲学家的思想果然深刻。可是,这淡然背后是什么?真的能如此超然?其实更深层的,是面对生命衰老的无奈,用貌似智慧的理智思考逼迫自己漠然,来逃避毁灭给自己精神心理上带来的重压吧?在这个意义上,周国平的文章似乎又直面得不够。在高尔基回忆托尔斯泰的文字里,曾有一段对托尔斯泰的描绘:浑身皮肤晒得黝黑身体强健神采奕奕的托尔斯泰突然之间就神情黯淡下来,因为他们提及了“死”。托尔斯泰叹息着说:在死亡面前,还有什么幸福可言。思考与不思考又能怎样?那些整日在书斋里眉头紧锁进行所谓思想的文人雅士其实并不比田间地头的农夫更高明,也许还不如他们。他们的无知无觉真是愚蠢?读到这些话语,我明白为何托尔斯泰最喜欢他的同胞丘特切夫的那首《别声响》了。而且周国平的叙事笔法是老套的,我读这篇文章第一个字,就期待着他的哲学思辨,没指望他能以文学的美浸染我。如果没有这段思索,这篇文章也就是中学生作文水平了。

把刘亮程与周国平放在一起,我想到“文质彬彬”这个词。作文,“文”胜“质”,华美有余而思想不足,失之肤浅;“质”胜“文”,则生硬突兀,欠春风化雨之效。文质彬彬,才是好作品,作家才是大家,才是文学家。

一本非道德的书
——盛可以的小说《道德颂》

刘　凌

这是一本反道德的书。

小说的故事其实很老套,一个开古玩店的女子旨邑与东北一名已有家室的历史学教授水荆秋发生了婚外情。旨邑在长沙,水荆秋在哈尔滨,两人就这样牵牵连连地在情感上纠葛不清,当然二人不乏肉体上的结合,或者说这样的结合才是维系他们感情的坚实绳索。小说在故事的发展中又加入秦半两和谢不周这两个男人进来,当水荆秋不在旨邑身边时,旨邑又与这两个男人在情感上云遮雾罩、是非不清。

小说取名《道德颂》，但或许不少读者却不能从中读出自己心中的道德在何方，相反，可能会有不少人认为这是作家在以主人公的言行向传统的道德挑战。在感情这方面，传统的道德观是爱情终将会走进婚姻的殿堂，任何婚外情、婚外性都是不道德的，是受社会唾弃的。然而在作家的眼里，爱情与婚姻是两回事，与家庭也不相干；爱情就是爱情，无需附立于任何东西。旨邑与水荆秋之间就是这种爱情。旨邑不需要水荆秋为了她而离婚，她愿意活在自己的爱情之中。可是事情总有出人意料之处，当她发现自己怀孕了，要水荆秋接受这个事实时，后者却以种种理由加以拒绝。这足以说明，当空灵的爱情要落地生根的时候，才发现这样的爱情竟无处安身。这就如同缸中的豆芽，虽然丰满可观，但终究是长不大的。

然而作家所欣赏歌颂的就是这种爱情。或者说，作家直面了我们生活世界里的悖论。直面，单纯地、毫无顾忌地直面，对于中国当代文学来说，是一件意义重大的事情，毕竟，小说不是为了诉说道德教训而是为了表现真实的世界而存在的。

作家、《收获》杂志编辑廖增湖曾对此小说说过这样的话，“我很讨厌这部小说……旨邑的角度是刁钻的，很恐怖、机巧、锋利。道德是巨大的反讽。旨邑这个人，是单纯的女人，在情感投资上，碰到笨蛋……小说读了让人不舒服，可怕。语言刚劲有力。”当我读完这部小说，也产生同样的感觉。是的，我也讨厌这部小说，我不赞同甚至是极为厌恶作家所写出的所直面的东西。但有一个奇怪的现象是，这部小说给人留下的印象却极为深刻。那么，我问自己，我是真的不赞成吗？我不是分明意识到了自己理智与感情的冲撞？局内与局外的矛盾？人是这样地深邃与复杂。打个比方，这就好比眼前生长着的一片茂盛的罂粟花，我虽然看淡这些东西的价值，但它们那种妖娆艳丽的存在，却不容人熟视无睹。

评论家谢有顺说这部小说：“挖掘得很深，很独到，真的是血丝纹理清晰可见。不仅塑造了特别的人物，还体现了女性作家狠狠质问生活，追问难题，寻找生命的出路。”作者以女性特有的细腻敏感来写生活写平凡的事情，让读者不得不跟着作者的笔进入到一个又一个看似繁琐实则又是真实存在的人生杂碎之中去。既然我们不能将婚外情一棍子打死，那我们就以一个旁观者的身份来看这纷繁的世界吧。从这个意义上说，《道德颂》又为我们打开了一扇探究另一种隐秘生活的窗口。作者对生活“挖掘得很深，很独到”，也许就在这里吧。另外，作家对语言的驾轻就熟，尤其是随手拈来的一些比喻，独到准确，让人叹服。

谁能读懂苏东坡

郑虹霓

苏轼，字子瞻，号东坡居士，宋代文学最高成就的代表。他在诗中将颍州西湖与杭州西湖相媲美："大千起灭一尘里，未觉杭颍谁雌雄"，让颍州人对他颇有好感，何况林语堂曾许之为"知识阶层传承千年的理想人格"，让世代文人视东坡为偶像呢。人们乐于引用他的词"回首向来萧瑟处，归去，也无风雨也无晴"以证其旷达、洒脱。以为东坡性格开朗、豁达，似乎啥也不计较。然而，苏轼真的旷达么？在获得赦免，从海南北归的时候，他吟道："九死南荒吾不恨，兹游奇绝冠平生。"他果真不觉得憋屈，对被贬谪荒蛮之地的遭遇无遗憾么？

让我们还原一下那个瞬间：在他弃舟登岸之时，回首碧波中的小岛屿，他会想起什么？北归途中，他的耳边是否响起朝云如泣如诉的歌唱？他是否还留恋荔枝的甜香？

东坡一生仕途偃蹇，但不幸中又有幸遇到几个极为知心的女子，朝云即是其中之一。她是东坡的知己，知道大学士一肚皮不合时宜；她是东坡患难与共的伴侣，当苏轼被贬惠州，仆从星散之际，她却要千里相随。她唱东坡旧作《蝶恋花》"枝上柳绵吹又少，天涯何处无芳草"竟哽咽不能竟篇。这是为何呢？有人说东坡这是用《离骚》"何所独无芳草兮，尔何怀乎旧宇"的典故，是为自己遭遇而不平。我以为，东坡当年写此词未必有多么深的寄寓，描写的只是宋词中常见之景，如同李白诗中所写的"美人如花隔云端"，闻佳人巧笑而不能通一语，只好自我开解：哪地方找不到可意的人呢？然而，等贬谪岭海，真正是天涯海角了，却无法再做旷达之语。何况，老境颓唐，真个是"枝上柳绵吹又少"，如何还能贾其余勇？于是，我又想起放翁晚年重访沈园的诗句"沈园柳老不吹绵"！再看东坡当时的反应："大笑曰：'是吾正悲秋，而汝又伤春矣。'"这悲伤岂能一笑而过？在朝云面前，东坡无须伪饰，这一笑却带有修饰的意味，或许只是有意岔开话题。东坡自己岂止是悲秋、伤春呢？他对季节是那么敏感，比如在夏季，在人们盼望西风送走溽暑的时节，他却清醒地说："但屈指西风几时来，又不道流年暗中偷换！"(《洞仙歌》)

可见，所谓旷达，实际不过是东坡的一种消解磨难的方式，或者说是应对政敌的一种手段。宋代党争无所不用其极，章惇之流自然希望看到一代文豪悲苦哀伤乃至告饶的神态。东坡偏不乐意成全对方，犹如杜甫诗中所云"取笑同学翁，浩歌弥激烈"。在以罪人身份编管黄州，不能自由外出之际，他却能神游万里，"小舟从此逝，江海寄余生"；到惠州后衣食窘迫，他高唱"日啖荔枝三百颗，不辞长作岭南人"，以至于今天还有好事者费力讨论,说吃荔枝不宜多吃,指责东坡误导。殊不知,东坡这是“逗你玩”呢！他要把“快乐男声”传递给敌手,挫挫他们的锐气——至少让那些小人的成就感打点折扣。

东坡岂真愿意长作岭南人,甘心老死异乡！当年仁宗以制科得轼兄弟,以为“为子孙得两宰相”,东坡未尝不自许有经天纬地之才！如此弃置于南荒,又岂能不恨！这“拣尽寒枝不肯栖”的孤鸿,谁能读懂他的心事？一声浩叹！

老夫曾有少年时

郑虹霓

奉命会客无精打采,与伶人却成倾盖之交;仕途经济一听就烦,胭脂红粉爱不释手,这样的宝玉终于惹恼了父亲贾政,招来一顿毒打。《红楼梦》中的这一情节被单列了一个标题《宝玉挨打》,成为中学课本的保留篇目。对此篇文章,很多论者往往是与评《红楼梦》整体是一致的。整部书中父与子的矛盾被解释为封建、反封建两个阵营的斗争,因此,这一片段便是反映矛盾的一个高潮、冲突点了。然而,撇去了阶级论的视角,还原一下小说背后的人生,这种场景不是一代又一代地在重演么？此亦一是非,彼亦一是非。家长总希望一切都在自己的掌控之内,比电视节目表还要精确,有条不紊。然而,成长在细节上常常是难以计量的,就如同庭院中的树木,次第萌发了新芽,新芽又渐成枝干,未必都有确定的时间表。成长着的孩子不断引入新的话题,让你感到被动,力不从心。外面的世界变得太快,五色炫目也摇动人心,孩子能抵制住各种物质的诱惑么？但诱惑并非都是洪水猛兽,需要父子兵去防守。或许,正是在一次次调整对于外界的物色的态度中,少年郎不见了,时光之刀刻画后是渐渐老去的面庞。

《红楼梦》第四十五回里有这样一个情节,贾府里资格最老的赖嬷嬷对宝玉等人回忆府中老前辈打人的历史。特别说到“当日老爷(贾政)小时挨你爷爷(贾代善)的打,谁没看见的!”又说“大老爷(贾赦)也是天天打”。原来此时瞅着儿子不上进,于是暴怒的贾政,彼时“也是个诗酒放诞之人”!

复旦大学的骆玉明先生联系历代的士大夫,说不少都是少年放荡、中年折节,终于功成名就。因而认为:

“早年适度的任性放纵,对这一类人来说是应得的快乐。但到了一定时候,又必须转变人生方向、行为方式。因为家族的事业必须有人继承下去,而谋求个人的成功也只有沿着社会的既定轨道才有可能。因而,教育改造少年子弟,便成为家庭基本的职能。而一个少年已形成的个性距社会标准愈远,则遭遇的改造强力愈大。

在宝玉父子的冲突里,贾政何尝没有他的痛苦,但用少年人的眼光来看,成人世界所看重的东西不仅是枯燥无趣的，而且它本身是一种巨大的威胁，它将毁灭少年人所珍爱的一切。”

骆先生这后一段话大约也是过来人的感受，在成长的过程中，不知不觉，贾政忘却了（或者是选择性失忆）自己少年时的任性，犹如李白的“飞扬跋扈为谁雄”，而认同、维护社会秩序，改造那一个新生的自己——宝玉。

果然，近读程千帆先生笺注的《沈祖棻诗词集》，谈到了一段轶事：

沈祖棻在中央大学肄业时，诸女生尝以红楼人物相拟，而以她们的老师汪东先生为贾政。先生知之，因赋诗二首，诗云：

悼红轩里铸新词，刻骨深悲我最知。梦堕楼中忽惊笑，老夫曾有少年时。

若个元春与探春，宝钗横鬌黛眉新。化工日试春风手，桃李花开却笑人。

沈祖棻是程千帆的夫人，当代著名学者、词人，上学时却也俏皮，与同学们私下称老师为贾政，而开明的汪东先生对此也并不以为忤，还写了两首诗。第一首绝句的结句“老夫曾有少年时”的潜台词就是：“想当年我也和你们一样顽皮呢。”

浮瓜沉李
——曹操父子的夏天

郑虹霓

亳州人引以为自豪的曹氏家族开创了建安的新局面，曹操《短歌行》中的名句“慨当以慷，忧思难忘”脍炙人口。建安文人似乎偏爱寒冷，是不是在对寒冷的抗争中更易凸显阳刚之气、展现英雄气概？这些对寒冷敏感的文人，对炎热的体会又如何呢？

在曹植的倡议下，曾有不少文人写作《大暑赋》。曹植《大暑赋》谈及暑热的由来，说夏天是由南方之帝炎帝掌管，方位属南，由火神祝融司职。为太阳驾车的羲和放缓了节奏，象征火的朱雀在衡宇中舞蹈。在这样的神话场景中，大暑也以神灵的模样出场了：“映扶桑之高炽，燎九日之重光。大暑赫其遂蒸，玄服革而尚黄。”他光焰夺目，在扶桑树上腾起高高的热浪，似乎有九个太阳共同燎烤着世界。人们弃去吸光吸热的黑色衣服，而青睐黄色。龙蛇盘曲于深山，鱼鳖不堪水的沸腾而跳出水面。飞鸟敛羽，走兽分散。山崩塌，海沸腾，沙子融化，石砾烤烂。那么，人类又是怎样应对酷暑呢？曹植写了不同身份人的生活状态：

“机女绝综，农夫释耘。背暑者不群而齐迹，向阴者不会而成群。于是大人迁居宅幽。绥神育灵。云屋重构，闲房肃清。寒泉涌流，玄木奋荣。积素冰于幽馆，气飞结而为霜。奏白雪于琴瑟，朔风感而增凉。”

百姓暂停劳作，寻找背阴的地方歇息。作为君侯，曹操迁到了幽僻的宅子里。这深宅大院，重叠的房间如云彩，可以隔离外面的炎热。更兼引入清洌的泉水，周围高树荫蔽，囤积了洁白的冰块，竟使飞舞的气凝结为冰霜。如此，哪有暑热了呢？于是，便可静下心欣赏琴瑟，阳春白雪，北风其凉。

“积素冰于幽馆”的冰从何而来？据记载，建安十八年，曹操在邺城建造了“冰井台”，“有屋一百四十间，上有冰室，室有数井，井深十五丈，藏冰及石墨”。这样的“冰井”颇具规模，在三国之后仍被使用。看来，消暑的物质条件不仅有重叠的屋宇、飞流的寒泉，还有窖藏的冰块。

此外，曹丕的《与朝歌令吴质书》又提到了冰镇的饮食。在回忆南皮之游的时候，曹丕说当年“驰骋北场，旅食南馆，浮甘瓜于清泉，沈朱李于寒水”。南皮，在河北省沧县漳水下游的渤海之滨，建安中曹操征讨袁谭曾到过此地。《三国志·武帝纪》载：“建安九年，曹操围邺，袁谭走保南皮。”曹操击斩袁谭后，还曾在南皮游猎。因此，俞绍初先生分析，曹丕等人南皮之游的最初动因可能是为了射猎取乐。《与朝歌令吴质书》是建安二十年（公元215年）曹丕给他的旧交吴质写的一封信。历经时光的淘洗，南皮之游愈加显得美好，暑热时节的欢宴成为难忘的赏心乐事。

曹丕、曹植兄弟和邺下文人的夏日生活非常惬意：饮酒高会，飞车踏月，赏景赋诗。这在《公宴诗》中有所表现，如王粲诗云：“凉风撤蒸暑，清云却炎晖。高会君子堂，并坐荫华榱”；刘桢诗云：“永日行游戏，欢乐犹未央。遗思在玄夜，相与复翱翔。辇车飞素盖，从者盈路傍。”

从“纷纷红紫已成空”的初夏一路走来，临近大暑也便到了暑热的极盛期，盛极而衰，炎威又能坚持几时？我们且品瓜李，思往日，谈故事，读诗文，自有徐徐清风生。

诗人不幸江山幸

郑虹霓

薄暮起愁，乡关何处，最是游子，偏多感慨。披发行吟的屈子，对江湘而洒泪；屈原之后，长沙王太傅贾谊又借《吊屈原赋》寄寓自己的身世之悲；贾谊之后，宣城人刘长卿过贾谊宅而痛惜：“寂寂江山摇落处，怜君何事到天涯！”

如此“江山”，必不是伟人年少指点的社稷民生，但似乎也不能拆分来解释为江河山岭。溯流而上，出现“江山”一词的早期文献《庄子·山木》引起我们的注意。文中有“彼其道远而险，又有江山，我无舟车，奈何”的句子，给人感觉，这江山就是一种阻隔，而不是山明水秀的风景地。刘勰在《文心雕龙·物色》篇提出：屈原之所以能够得《风》《骚》精髓，是因为得到"江山之助"，这个命题引起了不少后人的探究。北京大学的汪春泓结合《史记·太史公自序》之"屈原放逐，著《离骚》"和《史记·屈原列传》中的记述，认为"江山"即被放逐之意。于是，我联想到历史上很多类似经历的人，秦汉被放逐的公子、唐宋的迁谪名臣、清代的流人……

"纵一苇之所如，凌万顷之茫然。"四川眉山人苏轼游于黄州赤壁之下，长啸悲歌。这"万顷"江流也可以隐喻苍茫人世，而个体就是那漂流的一叶扁舟，一任江流推送到什么地域。有时清风明月，让人心旷神怡，但更多的是秦观词中的"雾失楼台，月迷津渡"，让人神伤。

当年苏轼因为反对新法而为当权派所不容，于是上书请求外放，先后被派知杭州和颍州。对此，秦观赠诗云："十里荷花菡萏初，我公身至有西湖。欲将公事湖中了，见说官闲事亦无。"

我国古代一直有36个西湖的说法，清代《冷庐杂识》中说："天下西湖三十又六，唯杭州最著。"作为南宋首都，杭州自然景观与人文条件的优势自是其他西湖难以望其项背。但杨万里诗云"三处西湖一色秋，钱塘颍水与罗浮"，将颍州西湖与杭州、惠州的西湖单独拈出，大大提高了颍州西湖的位次。诗中所言这三处西湖都与一位大文豪有关，他就是苏东坡。因之，对于刘勰"江山之助"的说法，我们要反过来说了，"江山也要伟人扶"，荆湘山水未尝不是因屈子而得以著之竹帛，名传千古！同样，柳宗元《永州八记》让钴鉧潭西无名小丘为人所知；李白与敬亭山"相看两不厌"，使主峰海拔317米的小山成为"江南诗山"。最典型的大概要数韩愈，竟令山水更姓，潮州人将他登临的笔架山称为韩山，将他驱鳄的恶溪改称韩江，并兴建韩文公祠，此后历代依托韩山书院传承文化，成为独特的文化景观。

尽管中国传统安土重迁，但实际上，很多文化人又不得不成为游子，"孔雀东南飞，五里一徘徊"，心怀故乡明月，却不得不以异乡为安身立命之所。如果说李白当年仗剑去国的宦游还有一点主动性，怀瑾握瑜希图如大鹏起飞为国所用，那么，从单独个体的迁谪到由于战乱造成之群体的流徙则不免让人酸楚。然而，撇去个体的痛苦，这些迁徙有意无意间都如同大气环流一般，成云致雨，促进了文化的传播。怀抱利器，有坚强意志的士子，不以物喜，不以己悲，能够因物赋形，改变了所到之处的文化环境，为山川代言，诚为江山之幸！

《消失的地平线》
——梦中的香格里拉

廖 静

詹姆斯·希尔顿(James Hilton,1900～1954),英国著名畅销书作家。其著名作品有《消失的地平线》《再见了,奇普斯先生》。

詹姆斯·希尔顿从来没有到过香格里拉,他的灵感来自奥地利裔美籍探险家约瑟夫·洛克从1924到1935年在云南省西北部探险期间在《国家地理杂志》上发表的系列文章和照片。在他的笔下,为世人构造出了不同于人间的乌托邦世界,神圣的雪山、幽深的峡谷、森然的殿宇、淳朴的民风、皎洁的月光、沉寂的思想,所有的一切都像是上帝精心构筑的天堂。

四个西方人乘坐的飞机遭到了劫持,经过了昼夜的飞行,飞机坠落在一座雪山上,飞行员也奇异地死去,临死前他告诉西方人,这里是中国藏南,并指引他们到不远处的香格里拉去寻找食宿。这时,一个姓张的中国人出现了,告诉他们这里是蓝月谷,并带领他们去了香格里拉的喇嘛寺。四位西方人对这突如其来的变故各有反应。康维是全书的主人公,他们惊奇地发现,这里有着独特的文明、美妙的音乐、现代化的设施、儒释道的宗教信仰。

书中对香格里拉的描述细致而充满梦幻,那如水的月光、绵延的雪山、祥和的蓝月谷、美丽的满族姑娘,足以打动读者的心。康维仿佛找到了人生的归宿,他迷恋着香格里拉。可经历了一系列变故之后,他离开了蓝月谷。当他再次寻觅的时候,却再也找不到香格里拉的入口。曾经的一切恍若梦幻,但又如此的真实。詹姆斯·希尔顿成就了香格里拉的名声,也成就了他自己。

我们都曾经幻想过,能有一个地方,美得令人心疼,让人甘心终老此生。尘世的太多喧嚣令我们身心疲惫,总要找寻一个平衡点,找到一个地方,用来抚平失落的心情。如梦似幻的香格里拉,神秘的香格里拉,那是每个累了的人心中构筑的天地。我们需要一个地方,能够让我们把心沉寂下来,能够随心所欲地看看周围的风景,能够安安静静地做一场梦,能够在午后的阳光下思考人生。

《消失的地平线》中康维的经历本身就是一场幻梦,在经历了奇异旅程之后,终究会有梦醒的一天。当他想要再次踏进香格里拉已然不能够了。这是否悲观地预示着,在工业化、现代化的今天,那些最原始、最符合我们人性归属地的东西再也无法复原了?总有人把现在物质成就带来的一切标榜为文明和进步,果真如此吗?今人的社会就一定优于古人？在物质资料日益丰富的时代，荒芜的竟是精神的乐土。总有那么一天，芸芸众生会恍然醒悟，拖着垂死的神经寻找故去的生存环境。

我们已经习惯过着一种计较利益得失的生活，我们很天经地义地把“天下熙熙，皆为利来；天下攘攘，皆为利往”当作自己贪婪寻求利益的掩饰。那份归于自然、崇敬生命、返璞归真的原生态生活已然不符合当今社会的追求，于是，我们把它束之高阁，不敢面对内心的呼唤。每个人都生活在以金钱为基础的社会无形的大网里，物质决定了一切，就连精神也被它侵蚀。

然而，事实是，物质的世界从来都不妨碍精神升华的空间。在红尘滚滚的城市里，要想活出生命的色彩，必须要有开辟一方精神的乐土。每个人心中都有一个香格里拉，我们要做的只是不让它成为“消失的地平线”。

总有一个地方，值得你一生追寻。

谁悲失路之人
——读陆蠡散文集《竹刀》

廖　静

《庙宿》里的“我”耳际始终响着父亲的话：“有家的不论三更半夜，十里廿里，总得回去。”可是“我”千途万水地回到家去，回首时发现不得不与途中相遇过的人们别离，而后永远失去了他们。甚至，这“家”也不能够久留。《嫁衣》里的那个农家少女在光艳的出嫁的那天之后，就和她的长长的陪嫁队伍不知所终。于是那天蜿蜒招摇的出嫁，就像是在平淡厚重的生活外面开的一道窄的口子。像那把《竹刀》，毫不费力地刺进一位木行老板的大肚皮里，“像刺豆腐一样的爽利”。可是之后人们才能恍然地发觉，所有想起的人也都要继续追问。《嫁衣》里的少女和她的队伍喧天的锣鼓沉淀下来之后，热烈的红色鞭炮被后来踩进泥沙俱下的生活。那把竹刀，则是无奈地回刺进青年自身的动脉。于是，尽管《庙宿》里“我”父亲或是叮咛或是期愿地说着：“有个草窝的人任凭是三更半夜，十里廿里，总得回自己的窝里去睡。”百里千里，要回到家去。可全不是，看到的，听到的，只有“要饭叫花的人，只有异乡流落的人，只有无家可归的破落户，只有远方云游的行脚僧”。只有“冷庙茶亭”，“街头路尾”的“有祸的人”。

即使不在分离，也万分愁懑，即使曾有激动，也成久远往事的尘封。也许并没有什么震天撼地的悲剧，对于个人，却是注定要以“壮健的一生”来敌“暗黑肮脏”，或者死去。《竹刀》里的青年刺断动脉流血过多死了。《嫁衣》里我第二房的堂姊焚在有着古绿的锁、褪缝的木箱、寂寞的灰尘的古楼里。《庙宿》里我逢见的堂姊，在我隔些年头再去探望她的时候,已是不在。

陆蠡在他第二本散文集《竹刀》里,脱去早前《海星》集里单纯显眼的寓言性的讲喻,将笔尖指向江南水乡周围的小小人们。现在的作者眼睛看向周围的人们时,不再挖空心思刻意隐喻,只是将他们的故事原原本本地写下来,也只那么短短的片段,就已经是够骇人的了。这骇人并不使我们万分惊恐,可是想到和我们并没有什么不同的人们,在有一天走进到生活深处,把生活挖掘地更深的时候,却发觉过去看惯的秀丽山川和懵懂自己,竟是这样源源不尽地引自己落泪。而自己的内心和记忆也无比配合似的,泪水越流越有。也终于,作者在《庙宿》里,在夜里病着,"被痛苦咬着"时,站起来,在接纳多舛的人们的庙前,怆然地浮忆出"谁悲失路之人"的古句。面前的山岭也成为"关山难越"了,那或许也是因为人世曾使人有过过分的灰心。故事和境遇当然不尽相同,可给予我们的感觉却梦魇似的相像,我们怎能不唏嘘?

巴金说:"要是有一天人们读到圣泉的书,知道圣泉的为人,明白他的爱和恨,那么他们会跟着我们呼唤他,呼唤他回来,呼唤那个昙花一现的心灵重回人间。"陆蠡只有年仅三十三岁的一生,在他梦似的童年无数的星星倏忽而逝以后,他在《竹刀》里,用手指给我们看,属于他真实可感也属于每个人童叟无欺的一份幻想的破碎刺进童年之后,悟得之前的如假包换的人生。童年时的他就一语成谶,生命是怎样消融着白天黑夜的界限,将重负和拯救一股脑儿抛在人们面前。

真诚的英雄
——读卡莱尔《英雄和英雄崇拜》

范恒娟

卡莱尔说:"一个时代的历史最有意义的特点是它迎接一位伟人的方式。英雄和英雄崇拜是一种永远变化着的事情。在每一个时代都有所不同,在任何时候都难以做好。的确,人们可以说,整个时代的核心任务应是把这件事做好。"可是,似乎,我们并不懂英雄,这或许是因为我们连对自己都所知甚少,我们灵魂的履历,被记叙着的诸多事件所填满,而那些富有想象力的激情,也就渐渐被生命中属于行为和境遇的物质事件所代替。卡莱尔在这本演讲集里不遗余力地重复着他的观点,面对那些英雄,如果其灵魂是真实的,我们就要宽容许多他悲哀的细节。因为在拨开他们无数的孤寂和过失之后,我们会看到真诚流经过他们每个人的一生。

英雄的孤寂是要用更大的孤寂去安慰的,所以他们从不久留。梦想变成难以开口言说的东西,好像世事艰难,每个人都在猛然间恍然大悟一样。目标这样的事情可以一版再版，而梦想只有一次，它是我们心中的英雄情结。这个时代也许没有了英雄，英雄情结却依然还在；但似乎和英雄沾上关系的东西都带些不羁和隐逸的味道，梦想闪现在言语之间，总是一闪而过。

莎士比亚说："伟人是天生的，有后来成为伟人的，有些伟人是强加的。"我想，换成英雄作主语，也应该是通顺的。但英雄从不愿作主语，因为成了主语，就要有谓语、宾语，或者别的符号。英雄不需要，英雄是另起一段时，开头的空格。有时候，连主语也会因为需要而被省略掉，而当我们书写时，却总要空格。英雄的位置就在那里，连位置也是孤零零的。

似乎是从愚公带领人们挖起王屋山下的第一筐泥土起，他就是一直在那儿，一刻也没有离开过地坚定地移着山、搬着土，脚踏实地，直到天神下凡，一夜之间搬走两座大山为止。而英雄的身影却是天南海北地乱窜着，好像从来也没安定下来过。在一代人的口耳相传中，愚公留了下来，英雄也留了下来。一代又一代，英雄四散离开，身影恍惚。一代又一代，有的愚公被忘记，英雄留了下来。

别指名道姓，英雄连名带姓都不需要。英雄就是英雄，姓英名雄。英雄孤身一人，所以不需要英雄一、英雄二……英雄某加以区分。英雄当然不止一个人，但世界那么大，不知道谁就是英雄一闪而过，所以英雄是特指的，英雄是很多人，又是一个人。

人们都向往平静的生活，又都一次次地把它抛弃。平静是片刻的，几乎不堪一击。我们总是想紧紧抓住些什么，什么都行，抓到手再细细看。英雄是先看，再去追求。先看，再去抓，难免在看过之后就有些灰心，抓之前就已经先放弃了些什么。先抓到手再看是否是自己的需要。是，就留下；不是，就丢弃。所以我们一直抓，一直丢弃，难有发自心底的珍惜和爱。英雄想要的很少，所以英雄是闲暇的，他先看再抓，抓到的都是自己喜欢的。如果看走眼一次，有些拥有并不是自己的喜欢，英雄会送给别人。千金散尽，功名散尽。英雄身无长物，我们的背负却越来越重。英雄洒脱，总是轻松的，我们很累，抓在手里的，喜欢不喜欢的，都不愿撒手。

十字架一横一竖，英雄是两手拿的。我们只好背负。

时代荒漠后的情感流沙
——品读《归来》

饶　哲

电影《归来》改编自严歌苓的小说《陆犯焉识》，小说里有着漫长的时间跨度和复杂的社会背景。电影《归来》只是摘取小说中的一个章节，更具侧重地讲述了"归来"的故事，以及归来后的物是人非。

“文革”是当代文艺的题材之一，朦胧诗和伤痕小说，都是一代人的集体记忆和对历史的反思。历史不应忘却，忘却就等于背叛；然而，文艺创作者该怎样从历史中挖掘材料，传达出自己的反思，这是重点。张艺谋从小人物的悲欢浮沉中窥见了时代赋予的伤痛，也窥见了环境磨灭不了的人的感情。

人在时代的面前不得不低下高昂的头颅，张艺谋的《归来》讲述的是一个人回家的故事。看似简单的事情，在那个时代却包含着个人命运的微茫，时代的洪流泥沙俱下，人，又算个什么东西呢？所有的外在物质都会随时间消失殆尽，唯有情感是人肉体之外的升华。时间再长，环境再残酷，只要精神不死，情感还在，就一定会找寻回家的路。陆焉识的归来是带着伤痛和思念的回归，带着记忆的创伤和未来的希冀的回归。陆焉识的归来是有方向的，又是积极向上的。环境的压迫和伤痛并没有消减他对生活的憧憬，因为他骨子里藏着美好，并且相信美好，虽然我们谁也不知道美好究竟是以什么状态存在着，就像是等待戈多，可心里藏着一束光总比淹没在无边的黑夜更有活下去的勇气。

陆焉识再次归来，早已是物是人非。女儿丹丹和母亲关系很僵，住在厂里。冯婉瑜一个人在家住，又患了失忆症，陆焉识在心里规划的归来梦破灭了。或许在他踏进家门之前，他只是想着能拂去伤痛重新生活，守着冯婉瑜安安稳稳地过日子，如今，归来，又是另一场离去。冯婉瑜带着他和她的记忆远去，陆焉识的归来又有了新的意义。他帮着她找寻旧日的点滴，可是所有的故事，都不能轻易地追忆和开启。

陆焉识在冯婉瑜心中已成为生活的一部分，是她心里一尊岿然不动的雕塑，站成守望的姿态。可以想象，她是用多少个日夜的思念，才能让一个人二十多年都活在自己的心里。虽然失忆了，陆焉识却依然作为一种符号、一种情感的回归存在于冯婉瑜的生活里。她只记得每个月的五号要去火车站接自己的丈夫，虽然她已不记得陆焉识的脸。冯婉瑜用一生的时间等候陆焉识，陆焉识也在妻子这般等候中找到自己归来的意义。

影片的结尾让人回味，两个人都在时间的雕刻下老去。冯婉瑜依旧每个月去一趟火车站，陆焉识陪在她身边。天上下着雪，纷纷扬扬的，火车站的天桥上送走了多少人，又回来了多少人，却始终把陆焉识遗忘了，始终没有送来一段记忆给冯婉瑜。可是，这些都不重要了。重要的是，经历了生命的悲恸和创伤后，他在，她也在，可以相濡以沫，彼此看着对方慢慢变老。这是张艺谋的《归来》，是陆焉识的“归来”，也是所有人的“归来”。

舒缓的节奏，精致的画面，张艺谋没有玩技巧，没有追求视觉奇观，只是把一个动人的故事娓娓地讲来，仿佛让我们又看到了《大红灯笼高高挂》《摇啊摇，摇到外婆桥》的风格。在众多纷纭的国产片里，我们不得不说，好在还有张艺谋。

佛教变形中折射出人性的光辉
——读《受戒》

桑丽丽

恬适的乡村，率真的人物，田园牧歌式的水乡世俗生活，自由而不加约束的生存状态，这是汪曾祺《受戒》中为我们构建的梦幻似的乌托邦世界。它犹如现实版的桃花源，是无数人内心的向往。

小说通过对庵赵庄这一封闭式地域环境的塑造，从中窥见乡村社会在历史环境中的变形。细读文本我们会发现一个很有趣的现象，作者对荸荠庵着墨颇多。荸荠庵是一座寺院，提到寺院，我们首先想到的是僧人，是清规戒律。然而我们发现庵赵庄的寺院是独特的，在这里庵不像庵，寺不像寺，既无清规，也无戒律，当和尚的可以杀猪吃肉，可以娶妻找情人。这里的寺庙似乎不能再称之为寺，它俨然同世俗生活无两样，这颠覆了我们对传统寺庙的既有印象，作者这样写用意何在呢？我们不禁要问，为什么庵赵庄的僧人会有这样突兀的存在？这样的僧人还能称作佛教的信徒吗？回答这个问题，我们依然要回归文本。

文中一开始有这样一段话："人家弟兄多，就派一个出去当和尚。"又说："明海家田少，老大、老二、老三，就足够种的了。"

由此我们可以窥探出，庵赵庄多寺庙，多僧人，送孩子当和尚这一传统的源头是由于生存的问题引发的。中国特有的自给自足的小农经济是十分脆弱的，再加上沉重的赋税，天灾不断。生存，一直是历朝历代农民阶层面临的最为残酷的问题。

出家，是荸荠庵应对生存问题而引起的对佛教的世俗化的改造。当人们面临无法养活众多子女只能送往寺院的时候，就暗含着佛教在这封闭的地域时空里世俗化改造的开始。寺院成了谋生存的场地，清规戒律都要服务于世俗性的个人追求。当然，这不是一朝一夕形成的，而是在不断地生存与生活的变化中逐渐形成的荒诞而又无比实际的独特现象。因此，我们就不能简单地对庵赵庄僧人荒诞的生活横加指责，这源于由生存危机引发的佛教世俗化的变形，这种变形并没有可以评判的标准。

纵观历史，佛教自从汉代传入以来，历经南北朝、五代，对佛教的世俗化改造越来越明显，也愈加深入。例如，原本男儿身的观音菩萨在南北朝时期被塑造为慈爱的母性形象。诚然，这种变形是符合于社会环境大潮的。南北朝时期，"五胡"乱中华，政局动荡，战争不断。佛教作为宗教的一支，它关注生死轮回，投胎转世的教义抓住了处在水深火热中的人的心。慈爱母性形象的观音菩萨符合当时人心思定的社会诉求，加之以儒释道三教的融合，在社会中赢得大规模的心灵皈依者，形成一种独特的思潮。任何一种宗教都不是一成不变的，它都必然要符合时代的变迁，随着时代的变化而不断对教义做出新的阐释，赋予新的内涵，庵赵庄的佛教变形正是基于此。庵赵庄佛教的变形赋予了庵赵庄人不受拘束、不受压抑，最原始、最本真的群体性格。

《受戒》让我们看到了佛教变形中折射出的人性光辉，即使它是以一种乌托邦式的状态存在着，却并不妨碍我们追求人性的本真，追求田园牧歌式的生活，追求心灵与自然的融合。在当今市场与利益驱动的社会中，计较利益得失的大潮滚滚而来，泥沙俱下，同时也掩盖着人性的光芒。我们要做的，就是拨开这层泥沙，回归本真的自我。

为了忘却的遇见
——读《詹森的〈格拉迪瓦〉中的幻觉与梦》

郭 莉

弗洛伊德的精神分析学在历史碾过的车轮下，有过无数的争议与蜚语，但他对詹森的《格拉迪瓦》这篇文章的解析，却无形中对那种日常无法用言语所表达的思维，渗入了一种冥冥之中自有天注定的无意识，这种无意识让人无不为“命运”这个东西是否是真实的存在而产生不知滋味的情愫？仿若今日的遇见是为了纪念曾经的忘却。

在詹森的《格拉迪瓦》中，一个名叫诺伯特·汉诺德的考古学家，在罗马的一家文物博物馆发现了一件浮雕。这个雕刻表现的是一个发育成熟的女孩正在迈步前行，漂浮的衣裙微微卷起，露出她穿着凉鞋的双脚，一只脚平直地放在地上，另一只脚从地上抬起，在这连贯的动作中，只有她的脚尖接触到地面，而脚心和脚后跟几乎与地面垂直。这个不同寻常的、具有独特魅力的优美步态，吸引了雕刻家的注意，并且持续不断地在汉诺德的脑海中产生幻觉。他还做了一个梦，梦到这个女孩生活在古城庞培，在走向朱比特神庙旁的讲坛边缘时，维苏威的火山喷发把这个女孩淹没在神庙的台阶前。在此之前，诺伯特专注于他自己的考古专业很少去注意现实生活中的女人；而在此之后，他每每上街都去观察女人的脚以及走路的姿势，是否有这样一个格拉迪瓦在他的身边？

兴许是日夜思念的那个浮雕在作怪，又兴许是外面熙熙攘攘的嘈杂声，反正内心的某种骚动使他感觉到了生活的烦闷，不自觉地来到了意大利的庞培古城。在麦里革宫，他惊奇地遇到了他的格拉迪瓦，那令他魂牵梦绕的走路姿态，正展现在他的眼前，仿佛那个浮雕穿越千年来寻找他，是幻境还是梦？这个女孩却不叫格拉迪瓦，而叫若漪，是他现实生活中的邻居，是爱了他很多年的童年时期很要好的玩伴。

这个鬼魅的结局和弗洛伊德对故事中梦境的解析使人产生了浓厚的兴趣。汉诺德为什么会对这个拥有特异步态的青春期女孩的浮雕产生浓厚兴趣呢？弗洛伊德说，这是由于现实生活中的诺伯特不近女色，沉迷于考古学而被压抑的“力比多”受到外界刺激，所萌生的复苏状态。那个有着这样步态的邻居女孩，那个童年时期有过身体接触的女伴，虽然被时间所遗忘，但是那种已经潜入无意识里的思维感觉，就算汉诺德什么都不记得了，却依然存在于他思维里无意识的某个角落，等待着在他将来的生命岁月里绽放那一段最美的梦之花。

这个连作者詹森本人都不甚认同的“伪科学”的解析，让人恍惚！我们常慨叹维特根斯坦的那句“语言的界限就是我们的界限”，然而，我宁愿说，我们生命感受的界限才是我们的界限。无关乎科不科学，无关乎能否解释，我们用身体和思维去真实触摸和感知的生活，就是一个真实的世界！

“滴”水观“音”
——从《商州又录》看贾平凹

张晓东

贾平凹出身底层，他先前的名字便是土头土脑的“平娃”，而不是现在的被胡河清认为充满玄机的“平凹”。当然，英雄不问出身，他靠天才、勤奋、韧劲，获得成功令人敬佩。然而，就文学自身而言，虽说贾平凹早已名满天下、著作等身，我对他的文学前景却不乐观。我担心他身上的一些伴随大才而生“难自弃”的趣味、品味终难使他能与大师比肩而立，简单地说，这障碍一是自得，二是恶俗。

当年，贾平凹的《商州初录》在文坛赢得一片叫好，确实不错。贾平凹乘势而上，又来了篇《商州又录》，这当然也没问题。一个作家就该以作品说话。可当我拜读此文，一上来的“小序”就倒了我的胃口。请看：“去年两次回到商州，我写了《商州初录》。拿在《钟山》文学期刊第五期上刊了，社会上议论纷纷，尤其在商州，《钟山》被一抢而空，能识字的差不多都看了，或褒或贬，或抑或扬。无论如何，外边的世界知道了商州，商州的人知道了自己，我心中就无限欣慰。”“商州这块地方，大有意思，出山出水出人出物，亦出文章。”

一个“拿”字，“天下舍我其谁”的霸气呼之欲出；一个“就”字，又把假谦虚真得意再现地实在出神入化，可又好似漫不经心地轻描淡写着。而其中自我嘉奖的叙说，实不知根据出自何处？文字造作至于此，根子不在文字，在心态，那漫不经心又憋不住的一份自得哪还看得出“真大者”的谦卑？真想建议贾大作家去看看萨特的自传《文字生涯》，看看人家的谦卑、对“媚俗”的自我批判。

想当年在县报上发表了一首小诗就喜不自胜的这个文学青年，今天是修成了正果，以凡俗眼光看，有点得意忘形确乎也不为过。但是，从为文的角度说，如果贾平凹身上的这份自得越养越大，他就很难攀登上真正的大境界，就是才高八斗也不行。有人说，莫言既获诺奖，贾平凹似乎也可以。大谬！

据说贾平凹有"鬼才"之称，可是，如果他去不掉自己的"无诚"、低级恶俗的趣味，他还是只能和"伟大作家"遥遥相望。后来贾平凹的《废都》比起他的《商州初录》来更是洛阳纸贵，如果以销量来论大小高低，那《废都》恐怕该是经典中的经典。但是，不能。《废都》的恶俗趣味被贾平凹用"款款深情"其实只是一堆欲望所包装，更显得恶俗不堪。庄之蝶宣泄欲望之后的低首蹙眉、哀怨忧患、温言软语显得那样貌合神离；走街串巷貌似深入民间，痛心疾首当世的污秽黑暗也让人觉得极不自然，贾平凹特别想在庄之蝶身上打上"公知"的标记，没想到弄巧成拙。如果贾平凹单纯、诚恳一些，别在自然的"性"面前弄上那么多的社会、人文的东西，而是对着自己的灵魂拷问，《废都》也许还有救。在写性上，贾平凹可以读读他的后来者如王小波、冯唐的作品，美国菲利普的《垂死的肉身》更可以作为他的一面镜子。

平常心、大悲悯，是贾平凹心心念念的，可是到目前为止也还限于纸上谈兵。张爱玲说"因为懂得，所以慈悲"，这个"懂得"，不是口若悬河能说会道，而是深度内视、自我审判后，面对自我与世界的一份真心与深情。至少到目前，贾平凹还没有这样的修为。

爱之殇
——说张爱玲的一个视角

张晓东

"爱为何总带来伤害？"这是学生提给自己的问题。她看见很多先爱后仇、恨、怨、哀、伤、痛的故事，不禁感叹嘘嘘。

世上有流行语：爱是一剂毒药，谁爱谁受伤。"毒药"云云可不只是牢骚，这个直观的意象所拥有的冲击力当能让你想见当事人体会之深入血脉与骨髓，然而，当爱再降临仍如飞蛾扑火的多有所在，这样的毒药往往不免让人记起"饮鸩止渴"这个已很古老的语词来，哪里只是轻描淡写的"谁爱谁受伤"！

那"爱之殇"是怎样的究竟呢？

爱表达的是对特定对象拥有的渴望。它牵涉的却是最真最深的人性，也最能折射个人的本质。爱，特别是男女恋情的爱，并不像人们常说的无私、伟大，爱根本最自私：一切无私的背后是有私，到底它求的是自我满足。是！在爱中你会看见高尚、谦卑、奉献、忧伤、牺牲等，但唯一始终不离不弃的“嫉妒”影现了爱的真实纹理。

在开端，爱几乎都美好，不管是单相思还是互爱，可是，慢慢地，美好的又常常变得……还真不好简单形容。北京的作家石康甚至泄气地断言：“一切好的开始都会以糟糕的结尾结束。一定一定是这样。”咬牙切齿地斩钉截铁，斩钉截铁地粗暴武断。正因如此，我倒不觉地在它面前沉吟起来，这样的判断也许是以历史的经验直达真理。这不，在他之前，前辈张爱玲早已为他留下了注脚：“世间的爱哪一桩不是千疮百孔？”怎么就非得、不可逆转地千疮百孔？哪一个恋人都不会承认自己是抱着这样一个“自由意志”去爱的，那只好从另一个方向说，这是宿命，在劫难逃。

可这“劫”的渊薮又在哪呢？

在人性。可这又是一个多么宽泛的概念。于是，又有很多人尝试去给人性下定义。《中庸》里说：“天命之谓性。”天而且命，怎么回事，天，谁能问？知其然，所以然不问也罢。荀子云：“人生而有欲。”情由欲来，是欲在心理上的明朗化。人如此热衷于定义，既反映了认知的渴望，又暴露了内心的焦虑。人的成长历史也可以说是一部人自我认知的历史。古人说不清时，就推给“天命”，今天的人虽不能说无所不知，毕竟有了很大进步。可如果从学理去讨论爱，那可以说我们对爱的很多困惑还是因为我们在学理上的混乱不清。人们乐于用美丽的言辞咏歌爱，却很少沉思爱。

爱是本能，或说“天命”，但它自身又是一门艺术，很多人从无意识去修炼这门艺术，现实中常看见的情景就是付出很多却一无所获。此后演出的是悲剧、喜剧、闹剧、无言的忧伤剧就有赖双方演出怎样的对手戏了，而往往掌控剧情走向的多是失意者。但即便这样，自私、让人忧伤的爱，人还是不能抗拒对它的依恋。

钟镇涛唱过《只要你过得比我好》，深情直达高尚。我试着体会得到如下：其一，这样的至真至纯，可能因“清、浅”所致，质地清纯时、“原来你也在这里”浅浅的擦肩而过，加上一厢情愿唯美的放大，在另一个清净的时空里，“不知道你现在好不好”的旋律就会响起。其二，也可能因愧疚而祝愿。其三，最常见的则可能是爱者的分离由他们身外力量所致，在忧伤中双方各自祝福。

我从忧伤的旋律中抽身而出时，沉下心来，如此想：人性中许多被正面肯定的东西也许更宜从消极的层面去理解，这样更真实，也更清醒些。自古至今的人之初，性本善本恶的争论多少有些无聊。不管是造化的神学还是进化的科学追究的是“真”，我们却偏偏要用矫情的“善”去置换，实在偏离主题。人性的善恶只能在具体的情境中相对地去论，（你要制定了一个“绝对的善”的标准要人去执行，人只好要么撒谎，要么死掉。）抽象论是不自然也不真实的。

“爱之殇”源于人性之私与匮乏、残缺的对垒。红尘中人经常上演“全武行”的喜剧、闹剧，当然没有格调。爱是明心见性的事。还以张爱玲为例。张爱玲是个很难去爱的人，却一下爱上了胡兰成。胡兰成伤她极深。以俗世眼光看，胡兰成简直无耻。可张氏竟没有谴责，却在无言中转身；也不是完全无言，临别时说：“你放心，我不会自杀；但我也不会再爱人。”居然还是这样别样的哀怨深情。而之前最重的话也只是“你答应给我安稳。你现在不给我安稳。”

咬牙切齿者会说张爱玲“贱”！我的体会如下：张爱玲五内俱焚，翻江倒海；但“内视”之后的无奈、忧伤也许是基本。我所以强调“内视”，因为这是解释张氏的前提，或者说，这正是她与世人的分歧所在。与“内视”相对，世人多“外视”，两个不同的视角折射的是两种截然相反的立场。张氏多自我审判，世人总审判别人；前者多自我承担，后者多推卸逃避。于此，世人多不能理解张氏的宽容、沉默——她站在如此正义且受害的位置，为何不利用这义薄云天的道德高地？

还是我的猜想：张氏也许因不堪的童年种下了受虐的祸根。撇开这层，从理念说，张氏对人性的看法如果非得用人语表达，那一定是自私。关键是，你自私，别人也是。正是因为洞察人性的自私，人才制定各种层面的规则来限制。但对张氏这样诚恳敢于直面的人来说，她明白限制并不是绝对真理。规则——比如在男女关系中要忠诚，只是给弱者提供一个相对公平的保护。张爱玲当然也是弱女子，（张氏再倔强，女子却天然弱。）她当然并不是自动脱掉了这层防护，但在胡兰成不给她这层防护时，肯定不是坦然，而是无奈接受，她没有出演俗众常演的闹汤剧。胡兰成在《今生今世》里自得地说，他在武汉和护士小周有了婚外情，回到上海，他并不对张爱玲隐瞒，还说，张爱玲听了竟然“替他欢喜”。此时的胡兰成是真无耻，难不成他真以为张爱玲的心宽得像太平洋？但张氏的反应也确实多少出人意料。怎解呢？其实胡兰成在别处说张氏的话可拿来这里作注释，他说张氏：“从来不悲天悯人，不同情谁，慈悲布施她全无。她的世界里没有一个是夸张的，亦没有一个委屈的。她非常自私，临事手辣心狠。”胡兰成看得准，但不深。自私，当然，张氏从不避讳；张氏从不避讳的另一个是承认自己就是个俗人。可俗人不是超人，“从不夸张”是她的诚恳，“委屈”却常常是别人比如你胡兰成赠送，张氏倒是想不要，但能行吗？张爱玲内心的虚无绝望深邃地像一口井，不要“夸张”，也想拒绝“委屈”，可人性世界就是如此冷漠森然，要你咬紧牙关面对，浮面的同情、慈悲毫无意义。胡兰成所谓的“从来不悲天悯人，不同情谁，慈悲布施她全无”，不要忘了，这是首先对自己，张氏就是俗世所言的“对自己狠一点”的人，这是没有监督的自律与自审，里面所包含的沧桑与荒凉能体会的人就不多了。

即使从俗世的立场张爱玲也并非不能理解。不闹，不完全是高尚，更可能是慈悲。站在神的立场来审视人，就会为人悲哀，这是张氏的超然。说得好听点，张氏身上有神性。她把自己从自身中抽离出来，就是杨绛说的“让自己的元神跳在空中来看自己”。“因为懂得，所以慈悲”，这是神性的话语。在神的眼中，人都是可悲悯的；因为人都是残缺的，不仅胡兰成，自己也是。“不要把自己的幸福建立在别人的痛苦之上”，把它读成感叹句最好——这是一个悖论，世间的幸福哪一件不是建立在他人的痛苦之上？那就不要老想着自己只获得幸福,总逃避痛苦吧。我相信这就是张氏的逻辑。这是诚恳、无奈,不是纯粹的高尚。再放低一个层次说,不闹,又是无奈中可能的一点自尊维护。俗世中人常有"你不让我好,我也不让你过"的闹剧,这是认知的分歧和不同的修为所致,正如我前面所言,于此"明心见性"。张爱玲小说《沉香屑——第一炉香》中的葛薇龙对浪荡子乔琪说:"我爱你,是我自己的事,与你有何相干!"说这话时,葛薇龙是笑着的。我相信,聪明的读者一定能明白她眼睛深处该藏着泪花。葛薇龙和张氏一样是在"内视",所谓"是我自己的事"是说"在劫难逃",和乔琪你告诉我你自己不是一个好人无关。我知道你不是一个俗世意义上的好人,关键这根本就不是好人、坏人的事,如果往深了追究,谁又是好人?顺着这轨迹,可以问一些微观的问题,《巴黎圣母院》中的卡西莫多善良、忠诚,可是他的畸形的丑(即便他是无辜的)不是"好"吧?还有一个诛心之问不一定不成立:如果卡西莫多像太阳神一样漂亮潇洒,他是否一定还忠诚善良?至少不能绝对用"一定"吧?我曾说过一个判断,弱者总是善良的,善良是弱者的武器。所以只有强者的善良才是真实的善良。可是这样的强者人间又有多少呢?张氏之爱胡兰成,葛薇龙之爱乔琪,可不可能爱的是他们身上的"坏"呢?比如,嘴角带着小窝窝的坏坏的有些邪恶的笑;比如,床上如蛟龙猛虎一般的功夫深入你的身心叫你终生难忘。(老年的张爱玲写《小团圆》好像一大沉迷就是为了重温难以启齿的床上欢会呢。)如果真这样,爱还真就是毒药。张氏和葛薇龙都太诚恳了,不审判别人,却对自己猛烈开火。而我从这中好像窥见了那些与人性相伴的爱之奥秘。

我读过一些谈论爱的书,奥德修的《爱经》基于真实的感性,无耸人听闻的滔滔宏论,有古希腊文明传统的清新与诚恳。瓦西列夫的《情爱论》说教得空洞,因为身的时时反对,心就难以认同。罗·洛梅的《爱与意志》、弗洛姆的《爱的艺术》也说教,但叫人喜欢,因为其实不是说教,是讲理。不是从狭隘的伦理学,而是从科学——生物学、个体心理学、社会心理学、哲学、文化人类学等来阐释,读了叫人心安。

"爱之殇"只是谈论爱的一个视角,是我喜欢的一个视角。从爱者自身来说,爱就是让自己受伤,这也是爱是牺牲的本意。牺牲什么?不仅你的自由,还有你的自体。爱不是发展你的自我,而是抑制。你要从属对方,才会融进对方而被接受。爱让人谦卑,正如张爱玲说的"低,低到尘埃里"。然而,会从"尘埃里开出花来"作为给你的回报,虽然,这很可能只是你自欺的满足。

小说的可能性
——读《红拂夜奔》

张晓东

王小波说《红拂夜奔》追求“有趣”，他找到到达此地最有效的路径是“佯狂”。他的笔法很不正经，或者说，他一本正经地装疯卖傻、“胡说八道”。小说根据唐传奇《虬髯客传》改编，王小波偏说它“更像一本历史书而不太像一本小说。这正是作者的本意。假如本书有怪诞的地方，则非作者有意为之，而是历史的本来面貌”。

哪里有历史的本来面貌？王小波表白的实乃小说的隐喻动机：他自承模仿奥威尔、卡夫卡，还把自己的文学画像王二的故事扯进来玩“穿越”，表面戏说，底里严肃至极。他是现实的浪漫主义者。在王氏的荒诞不经中，你总能看见王小波作为一个人文主义战士的存在。

小说中无论红拂、李靖还是王二，他们都是“活的、真的”人。红拂年轻时逃出洛阳到了长安，到中年了发现长安只不过是另一座牢笼，一生的追求只是画了一个圆。王小波让红拂跨越千年进入了现代西方哲学世界的命题。

红拂，性格活泼，讨厌一切世俗的规矩和不近人情的礼节，不做作、不掩饰。大家当然觉得她怪，毛病。李靖黑皮红心，玩世不恭，尘网中人当然不懂，只觉得他流氓、无赖，全洛阳城的人都想拿他做包子。红拂爱上了他，两人逃离洛阳城。王小波的小说主人公一律地“不合时宜”，就是说，王小波通过小说和世界建立的关系是紧张的。这几乎是古今中外一切好作家的标志之一。作者在小说中写道：“我也不能不去上班，走到灰色的人群里去，(但)一路走着，一路想入非非。活着成为一只猪和死掉，也不知哪个更可怕。”无数的生命存在着，只有少数如王二者在问：我为何存在及如何存在？

好的小说家还有一个表征，就是通过他的写作，大大拓展了小说的可能性。所谓的创造性，在它的初始，实际乃是实验性。但仅有勇气不够，还要智慧。以《红拂夜奔》来说，王小波在叙事、主题、语言诸方面都淋漓尽致地展现了自己的天纵之才。而淋漓尽致并不是得意张狂，他很懂得小说是一门“节制”的艺术。中国传统小说在叙事上常是“花开两朵各表一枝”，王小波则是“花开朵朵且次第开放”。一个故事不是一次叙完，而是从不同角度、不同层次再三再四。与此相呼应，在语体上，王小波充分发挥了自己“饶舌”的天赋。一个好作家，首先要写出好句子。好句子的“好”，不仅是好文辞，还要“好意思”。王小波的文辞好，简洁、准确、风趣、幽默、优雅。有人会有不同意见，特别是“优雅”一项，王小波的小说喜欢写性，而且写得那样放肆，何来优雅？可放肆的不一定不优雅，内敛的不一定不粗俗，分辨度在：自然与真实。这就要说到王小波小说的主题。虽说艺术不是思想的传声筒，但活的、美的思想仍然是艺术的灵魂。王小波的小说比之他优雅的文体、新颖的叙事，更具魅力的是他的意念表达。他的小说不仅主题总体上具有强烈、深邃的现实感，而且在细微之处也常常触人心处让你不由低眉沉思，这点有点像张爱玲，虽然他不怎么欣赏张氏。比如《红拂夜奔》里的“头头们”总让人想起奥威尔《一九八四》里的“老大哥”，虽一个复数、一个单数，还是让人联想到“历史的联系性”“从过去走向未来”“世上并没有新鲜的太阳”“历史的阴魂不散”“古已有之”之类。我相信了王小波，这就是“历史的本来面貌”。

作者简介

◎ 张晓东:男,江苏淮阴人,任职阜阳师范学院文学院文学研究所,教授,硕士生导师,从事现当代文学的教学与研究,出版学术专著4部,发表学术论文30余篇。主持教育部课题1项。

◎ 毕新伟:男,河南驻马店人,任职阜阳师范学院文学院文学研究所,教授,硕士生导师,从事现当代文学的教学与研究,出版学术专著1部,发表学术论文30余篇。主持教育部课题1项。

◎ 尹奇岭:男,安徽凤台人,任职阜阳师范学院文学院文学研究所,教授,硕士生导师,从事现当代文学的教学与研究,出版学术专著1部,发表学术论文30余篇。主持国家社科基金项目1项,教育部项目2项。

◎ 郑虹霓:女,安徽六安人,任职阜阳师范学院文学院文学研究所,副教授,硕士生导师,从事古代文学的教学与研究,出版学术专著1部,发表学术论文20余篇。主持省部级项目多项。

◎ 翟志远:男,安徽宿州人,阜阳师范学院文学院汉语言文学专业2011级4班学生,曾任《三月》文学社主编。

◎ 王植:男,安徽铜陵人,1992年12月生,2010年9月到2014年6月就读于阜阳师范学院中文系,现于暨南大学中文系中国现当代文学专业攻读硕士学位。本科期间曾任校《三月》文学社副主编,作品散见《三月》《阜阳城市周报》《池州日报》《铜陵日报》等。

◎ 程飞:男,安徽铜陵人,阜阳师范学院文学院汉语言文学专业2010级1班学生。

◎ 刘丽竹:女,安徽铜陵人,阜阳师范学院文学院汉语言文学专业2010级1班学生。

◎ 应育梅:女,安徽合肥人,阜阳师范学院文学院汉语言文学专业2010级2班学生。

◎ 胡叠:女,湖北黄石人,阜阳师范学院文学院汉语言文学专业2010级2班学生,现于福建师范大学现代文学专业攻读硕士学位。

◎ 郑志君:女,安徽合肥人,阜阳师范学院文学院汉语言文学专业2012级1班学生。

◎ 王秋瑞:女,安徽亳州人,阜阳师范学院文学院汉语言文学专业2013级实验2班学生。

◎ 段歌:女,河北唐山人,阜阳师范学院文学院汉语言文学专业2013级实验2班学生。

◎ 刘凌:女,河南濮阳人,阜阳师范学院文学院汉语言文学专业2013级实验1班学生。

◎ 廖静:女,安徽淮南人,阜阳师范学院文学院汉语言文学专业2013级实验2班学生。

◎ 牛鹏:男,安徽临泉人,阜阳师范学院文学院汉语言文学专业2013级实验1班学生。

◎ 杜士美:女,安徽阜阳人,阜阳师范学院文学院汉语言文学专业2013级2班学生。

◎ 鲁洋洋:女,安徽安庆人,阜阳师范学院文学院汉语言文学专业2013级2班学生。

◎ 蒋成浩:男,安徽亳州人,阜阳师范学院文学院汉语言文学专业2013级4班学生。曾在《颍州晚报》《阜阳城市周报》《昆山日报》和校《采桑子》《三月》杂志发表数篇文章,获第九届全国大学生文学作品大赛二等奖。

◎ 范恒娟:女,安徽阜阳人,阜阳师范学院文学院汉语言文学专业2012级3班学生。

◎ 吴耀中:男,安徽宿松人,阜阳师范学院文学院汉语言文学专业2011级2班学生。

◎ 陈雪梅:女,安徽淮南人,阜阳师范学院文学院汉语言文学专业2013级文秘班学生。

◎ 徐加慧:女,安徽天长人,阜阳师范学院文学院汉语言文学专业2013级2班学生。

◎ 桑丽丽:女,安徽六安人,阜阳师范学院文学院汉语言文学专业2013级实验1班学生。

◎ 韩娇娇:女,安徽舒城人,阜阳师范学院文学院汉语言文学专业2013级5班学生。

◎ 朱雨婷:女,安徽寿县人,阜阳师范学院文学院汉语言文学专业2014级实验1班学生。

◎ 饶哲:女,安徽铜陵人,阜阳师范学院文学院汉语言文学专业2014级实验2班学生。

◎ 刘婕妤:女,安徽铜陵人,阜阳师范学院文学院汉语言文学专业2014级实验2班学生。

◎ 邢静宜:女,安徽合肥人,阜阳师范学院文学院汉语言文学专业2014级实验1班学生。

◎ 王宁:女,安徽寿县人,阜阳师范学院文学院汉语言文学专业2014级实验1班学生。

◎ 王飒:女,河南商丘人,阜阳师范学院文学院汉语言文学专业2013级4班学生。

◎ 汤娟娟:女,安徽六安人,阜阳师范学院文学院汉语言文学专业2013级4班学生。

◎ 庞霖杰:女,河南焦作人,阜阳师范学院文学院汉语言文学专业2013级4班学生。

◎ 张大秀:女,广西人,阜阳师范学院文学院汉语言文学专业2014级实验1班学生。

◎ 郭莉:女,安徽萧县人,现于阜阳师范学院文学院汉语言文学专业2014级现当代文学专业硕士在读。

后　　记

看着同道及莘莘学子的文字在自己手中汇集成编，内心有着细细的喜悦。我甚至在行为上赋予“细细”一种形式上的质感，持续、舒缓，一点点地读着、编着，是舍不得“一下子就完”的意思。这些文字虽不是我的孩子，但我却像它们的保姆，因为我看着它们由胚胎孕育、生长，由青涩而至成熟。

作为一个教授文学的教书匠，我自然对文学有一份钟情。课堂之外，我与学生交往最多的便是文字，每每发现学生中有善口言指划者便心中生出喜悦。我与本书中的所有作者就是如此由陌生到熟悉，其中一部分还成了忘年交的，因了我的拘谨，虽没有与他们称兄道弟，内心对他们是早已不设防了的。现在经我之手，把他们的文字聚拢在一起，除了是对工作的一份交代外，还是对我们友情的一份最好的铭记。

除了以上的私人感受外，这本书真正的意义当然是在对“汉语言文学‘国家级特色专业’建设”的些些努力以及在此过程中学生的成长上。在“前言”中，我说明了“经典”在汉语言文学专业中的核心地位。我把小书编成两部分，是为了避免单调，也是为了便于区分。“汉语言文学‘国家级特色专业’建设”可入手的面很多，我们主要是从文学经典来切入的。现在的书名《与经典一起成长》，是从师生互动、教与学这一面来呈现我们的尝试成果的，但经典并不局限于现代文学，甚至不局限于文学，只要是人文学科里的真实的读和写，能反映一个汉语言文学专业学子素质的文字，都可视作我们教与学的成果。所以，增加“理念”“争鸣”，当然是想较全面反映我们对汉语言文学专业建设的理解和努力。在给学生讲解经典时，当然要涉及一些基本理论，而争鸣追求的是对学生思维的训练及问题意识的建立。这方面我在“前言”里做了较仔细的说明。总之，这册小书主要围绕文学经典但不局限于此，试图通过“由读而写”这样一个途径来表达我们对汉语言文学专业建设的部分理解。

最后要特别感谢文学院院长胡习之教授对我们所做工作的支持。可以说，没有胡院长的鼎力支持，这册小著就不可能出版。

张晓东记

2015年10月于卧牛岭